JEAN JALLA

HISTOIRE

DES

VAUDOIS

PIGNEROL
IMPRIMERIE SOCIALE
1922.

JEAN JALLA

HISTOIRE

DES

VAUDOIS DES ALPES

ET DE LEURS COLONIES

PIGNEROL

IMPRIMERIE SOCIALE

1922.

AU LECTEUR

—

La première édition de l'*Histoire des Vaudois des Alpes et de leurs Colonies* a paru en 1903. Elle est entièrement épuisée depuis plusieurs années, pendant lesquelles on m'a demandé, à maintes reprises, aux vallées et à l'étranger, de la rééditer. Les temps difficiles et le manque d'appuis financiers m'ont empêché de le faire.

Aussi, est-ce avec une vive reconnaissance que j'ai vu M. Albert Pittavino, auteur et éditeur de plusieurs ouvrages historiques et autres, accepter de prendre sur lui d'imprimer cette nouvelle édition dans sa *Tipografia Sociale*, de Pignerol, au moyen de laquelle il a, sous plus d'un rapport, bien mérité de notre arrondissement. Sans son concours généreux et désintéressé, je n'aurais pas pu répondre aux nombreuses instances de ceux qui déplorent qu'aucune histoire des Vaudois ne soit actuellement en librairie.

Cette édition est essentiellement la même que celle de 1903. Elle a cependant été soigneusement revue et corrigée, et mise au point des dernières recherches historiques, ainsi que des évènements récents. La crainte que le prix trop élevé en empêchât la diffusion au sein de notre peuple, a fait renoncer au désir de donner plus de développement au récit des souffrances et des actes d'héroïsme et de fidélité de nos pères. Puissent les lecteurs de ce volume y trouver un écho de leur foi et un encouragement à être dignes de tels exemples.

La Tour, novembre 1921.

JEAN JALLA.

INTRODUCTION HISTORIQUE

L'opposition aux superstitions de l'Eglise de Rome, et à sa soif de domination, n'a probablement jamais cessé dans le Nord de l'Italie; et ce ne fut qu'en 1134 que Milan, métropole civile et religieuse du bassin du Pô, finit par subir la suprématie de sa rivale. L'on pourrait citer de nombreux passages des écrits d'Ambroise, dans lesquels ce grand évêque, que Rome proclame saint, condamne telle ou telle erreur du catholicisme romain. Le dernier point, à l'égard duquel les diocèses subalpins persistèrent à vouloir obéir à Dieu plutôt qu'aux hommes, fut le mariage des prêtres.

Mais une résistance plus directe aux abus du clergé et de la Cour de Rome a été provoquée, dans ces mêmes régions, par quelques personnages isolés.

C'est ainsi que, vers l'an 385, dans le siècle d'or du monachisme, Jovinien, qui semble avoir été milanais, osa nier, d'après les Ecritures, la perpétuelle virginité de Marie et affirmer que les jeûnes et les autres pénitences ne confèrent pas un degré supérieur de sainteté, et que le célibat n'est pas meilleur que le mariage. Condamné en 390 par un concile tenu à Milan, il fut exilé par l'empereur Théodose et chassé successivement de Rome, de Milan et de Verceil, où il s'était retiré avec ses disciples. C'est tout ce qu'on sait de lui.

Mais sa voix n'était pas encore éteinte que déjà un autre champion avait paru pour relever l'étendard de la vérité évangélique. Ce fut Vigilance, né dans les Pyrénées. Consacré prêtre vers 396, il visita Rome, puis Jérusalem, et partout son indignation éclatait à la vue des progrès de la superstition dans les lieux qui étaient devenus des buts de pélerinage. De retour en Italie, il dénonça, dans ses écrits, ces innovations contraires au christianisme des premiers siécles.

Jérôme, le célèbre traducteur de la Bible en latin, entreprit de le réfuter, avec la violence de langage qu'emploient volontiers ceux qui n'ont pas des raisons solides à mettre en avant. Il se plaint, dans ses lettres, que ce Jovinien ressuscité ne fût pas, d'autorité, contraint à se taire, et que plusieurs évêques de la Haute Italie n'appelassent que des hommes mariés à remplir les fonc tions du diaconat dans leurs églises. « J'ai vu, ajoute-t-il, ce monstre appelé Vigilance ; il est parti, il s'est retiré, il s'est précipité, et depuis la région qui s'étend entre les Alpes, où régna Cottius, et les flots de l'Adriatique, il a vociféré contre moi et oh ! iniquité ! il y a trouvé des évêques complices de sa méchanceté ».

Les vérités, que Vigilance soutenait, étaient encore professées par un si grand nombre de chrétiens qu'il ne fut pas inquiété ni même privé de la prêtrise. Peut-être le souvenir de ses prédications enflammées se conserva-t-il dans quelques âmes élues, au sein de ces régions. Mais on n'en trouve aucun indice. Au contraire, plus de quatre siècles s'écoulèrent avant qu'on y vît surgir un nouveau Vigilance.

Claude, natif de la Catalogne, était parvenu aux fonctions de chapelain de l'empereur Louis le Débonnaire. Brûlant d'amour pour la Parole de Dieu, il l'expliquait au peuple de vive voix et dans de nombreux écrits, cherchant aussi à combattre les pratiques idolâtres qui s'insinuaient dans les cérémonies religieuses, sous pré- texte d'honorer les martyrs.

Ce fut dans ce but que le souverain lui assigna, vers 817, l'évêché de Turin, qui comprenait aussi les arrondissements actuels de Suse, Pignerol, Saluces et Coni. Ces régions étaient alors infestées par les incursions des Sarrasins, et Claude, homme d'action autant que d'étude, interrompit plus d'une fois ses travaux pastoraux pour repousser ces envahisseurs.

À son arrivée de ce côté des Alpes, il fut affligé de trouver dans les églises une foule d'images et de statues, auxquelles les dévots adressaient leurs hommages. Il entreprit de les balayer, mais il rencontra au sein de son clergé une résistance acharnée, qui attrista la fin de sa carrière. Néanmoins, il eut des partisans : un contemporain nous assure qu'après sa mort, survenue en 829, « son erreur revécut dans le cœur de ses disciples ».

Ceux-ci persistèrent assez longtemps dans leurs croyances puisque, en 945, Attus, évêque de Verceil, déplorait qu'il y eût, près de son diocèse, des personnes qui avaient déserté l'Eglise, dont ils rejetaient plusieurs articles de foi et de discipline. « Et dans mon propre troupeau, ajoutait-il, plusieurs mettent en ridicule les cérémonies sacrées, imitant ces misérables qui se sont séparés de l'Eglise et du clergé ».

S'agit-il des derniers adhérents de Claude de Turin ou des avant-coureurs des Cathares ? Le premier témoignage certain de la présence de ces derniers en Piémont est de l'année 1028, alors qu'une congrégation nombreuse fut découverte à Monforte d'Alba, ayant à sa tête la dame du lieu. Attaqués par les troupes de l'évêque de Milan, ils préférèrent tous la mort sur le bûcher à l'abjuration de leur foi. Dès 1017, d'autres membres de cette secte étaient brûlés vifs en France. C'est le premier exemple connu de chrétiens mis à mort par d'autres chrétiens pour quelque différence de doctrine ; mais il n'a trouvé que trop d'imitateurs !

Pourchassés des deux côtés des Alpes, il est probable que plusieurs de ces Cathares (appelés Patarins en Italie et Albigeois en France) se réfugièrent dans les hautes vallées des Alpes Cottiennes.

En 1050, Pierre Damien écrivait à Adélaïde de Suse, dont le marquisat comprenait aussi les Vallées Vaudoises actuelles, pour se plaindre que le clergé de ses Etats n'observait pas les ordonnances de l'Eglise. Ce reproche est probablement relatif au mariage des prêtres, puisque le même auteur se plaint que l'évêque de Turin le permette dans son diocèse.

Les mêmes luttes religieuses agitaient le versant français des Alpes Cottiennes. En 1057, le pape Victor II lançait une bulle à l'archevêque d'Embrun pour le rappeler au devoir de veiller sur les hérétiques qui occupaient cette partie des Alpes.

C'est de ces mêmes Alpes dauphinoises qu'est sorti Pierre de Bruys qui, comme Claude, dévoré d'un zéle iconoclaste, parcourut les diocèses d'Embrun, Gap, Die, Arles, excitant les populations à détruire les images, les croix et tout ce qui favorisait l'idolâtrie. Après vingt ans d'une activité dévorante et périlleuse, il fut lui-même jeté sur un bûcher par la populace de Saint Gilles, dans le Gard, fanatisée par les prêtres. Ceci se passait entre 1140 et 1142.

Il eut pour collègue et imitateur Arrigo l'Italien, appelé aussi Henri de Lausanne, de la ville où il commença à répandre ses doctrines. Il prêcha dans presque toutes les régions de la France, attirant des foules sur son passage, jusqu'à ce que le pape lui opposa, en 1147, un cardinal et le célèbre Bernard de Clairvaux, qui ne put lui imposer silence qu'en l'enfermant dans un couvent où il mourut. Les disciples de Pierre de Bruys et d'Henri, appelés Pétrobrusiens et Henriciens, s'unirent probablement aux Cathares.

Entre 1137 et 1153 éclata en Italie la protestation d'Arnaldo da Brescia. Réformateur politique plus encore que religieux, il voulait que le pape et le clergé ne s'occupassent que des intérêts spirituels des chrétiens, et revendiquait les affaires temporelles pour les autorités civiles. Il mourut victime de l'accord intervenu entre le pape et l'empereur Barberousse, auxquels il avait essayé d'enlever la domination sur la ville éternelle. Lui aussi laissa des disciples, appelés Arnoldistes, qui grossirent les rangs de ceux qui gémissaient sur la corruption de l'Eglise.

Vingt ans plus tard, commença le mouvement initié par Pierre Valdo, mouvement qui, demeuré libre de toute préoccupation politique, brava les siècles, en recueillant autour de la Parole de Dieu les membres dispersés des différents groupes de chrétiens que l'on a vu se détacher de l'église romaine.

Chapitre I.

Pierre Valdo.

Si la communauté fondée par Pierre Valdo profita de l'activité de ses prédécesseurs, il ne paraît pas que Valdo lui-même ait eu aucune relation avec ceux-ci, avant sa conversion.

On ignore le lieu d'origine de Valdo ; au reste, c'est une question qui n'a pas l'importance qu'on a voulu lui donner. Alors et bien plus tard encore, en France et ailleurs, les noms de famille n'étaient pas en usage, surtout dans le commun peuple. Par contre, le nom de baptême était souvent accompagné d'un surnom, rappelant une qualité ou un défaut, ou bien le lieu d'origine quand il s'agissait de personnes ayant changé de résidence. Ainsi le personnage en question s'appelait Pierre, et il portait un surnom, assez répandu alors, qui nous a été transmis sous différentes formes : Waldus, Valdès, Valdo, Vaudès, de Vaudia, de Valle, qui doivent indiquer son lieu de naissance. C'est du moins ainsi que l'entendent les premiers auteurs qui en parlent.

Pierre a pu être originaire du canton de Vaud, l'ancien Pagus Valdensis, dont les habitants sont encore appelés Vaudouès par les Lyonnais. D'autres indices semblent nous ramener, au contraire, vers La Vaur, une des forteresses du catharisme, puis du protestantisme en Languedoc.

D'ailleurs, si même on pouvait fixer la patrie de Valdo, cela n'influerait en rien sur la question religieuse qui le concerne, puisque Pierre, loin d'arriver à Lyon animé de sentiments de piété, professait la même religion formaliste et mondaine que la plupart des habitants de cette ville.

Né vers 1140, Pierre était devenu citoyen de Lyon où il avait acquis une fortune assez considérable. On assure que son comptoir se trouvait dans la Rue Vendrant, appelée plus tard Rue Maudite. Il ne pensait qu'à accroître encore ses richesses quand Dieu l'arrêta sur cette voie, par plusieurs avertissements successifs.

C'était en 1173. Par une chaude journée d'été, il s'entretenait sur le pas de sa porte avec quelques amis, lorsque l'un d'eux roula à ses pieds, frappé de mort subite. Valdo rentra chez soi, se demandant avec angoisse : Qu'en serait-il de moi si j'avais été appelé aussi soudainement à comparaître devant le Juge Suprême ?

Peu de temps après, il entendit un ménestrel chanter la chanson de S. Alexis, noble romain qui, le jour même de son mariage, aurait quitté son épouse, ses parents et ses grands biens pour se rendre en pélerinage en Terre Sainte.

Cet exemple de renoncement à une situation heureuse et brillante, pour plaire à Dieu, ne laissa plus de paix au marchand lyonnais jusqu'à ce qu'il eut consulté un docteur en théologie. Il lui demanda : « Quelle est la voie la plus sûre pour atteindre la perfection ? » Le docteur lui indiqua celles qui sont le plus en faveur dans l'Eglise romaine. Enfin, comme Valdo insistait pour connaître la plus sûre, il lui cita le passage : « Si tu veux être parfait, va, vends ce que tu as et le donne aux pauvres, et tu auras un trésor dans le ciel. Puis viens et suis-moi » (Matthieu XIV, 21).

L'ordre de Jésus au jeune homme riche etait clair : Valdo n'hésita pas à lui obéir. Il rendit d'abord ce qu'il avait acquis injustement, puis il fit deux parts de ce qui lui restait : d'un côté, les maisons et les terres, de l'autre, les effets de commerce, les crédits et l'argent comptant. Sa femme, qu'il laissa libre de choisir, prit les immeubles. Il pourvut encore à l'avenir de ses filles en les plaçant, pour leur éducation, dans la célèbre abbaye de Fontevrault.

Il pouvait enfin disposer de ses biens en faveur des pauvres, précisément à une époque où la famine sévissait dans le pays. Le jour de Pentecôte, il commença à distribuer, non pas de l'argent, mais du pain, de la viande et d'autres aliments aux indigents, qui ne tardèrent pas à affluer autour de lui. Il continua à faire ainsi, trois fois par semaine, jusqu'à la fin d'août.

En même temps qu'il leur donnait la nourriture du corps, Valdo ne manquait aucune occasion de faire connaître à ses protégés, ainsi qu'aux curieux, l'Evangile dans lequel il avait trouvé la paix de son âme.

Bien qu'il fréquentât régulièrement le culte romain, il retirait peu de profit de la Bible, qu'on y lit en latin. Ce n'étaient aussi que des Bibles latines que l'on pouvait se procurer pour l'usage privé, et à un prix très élevé. Pour rendre la Parole de Dieu accessible aux foules, Valdo prit à son service deux prêtres, dont l'un traduisait du latin, l'autre faisait des copies des livres saints en langue vulgaire. En les lisant ou les répandant, il y ajoutait des exhortations auxquelles l'autorité de son exemple donnait un grand poids.

C'est ainsi qu'il consuma rapidement ses ressources pécuniaires. Le 15 août, après une dernière distribution, il dut lui-même demander à un de ses amis de le recevoir à sa table; mais la femme de Valdo obtint que l'archevêque Guichard lui imposât de ne recevoir que d'elle sa nourriture.

Comme le nombre de ses auditeurs allait croissant d'une façon inquiétante pour le clergé, le prélat le manda de nouveau auprès de lui et lui défendit, ainsi qu'à ses disciples, de s'occuper de la prédication, comme étant une charge réservée aux ecclésiastiques. Mais Pierre répondit, comme l'apôtre: « Il faut obéir à Dieu plutôt qu'aux hommes ». C'est alors que l'évêque les expulsa de Lyon et de tout son diocèse. C'était en 1176.

Ici commence une période assez obscure de la vie de Valdo, période dans laquelle il ne demeura point oisif, puisqu'il est parlé des Vaudois comme d'une association toute constituée lorsque, trois ans plus tard, ils se présentèrent au concile de Latran, auquel ils avaient recouru en appel contre la sentence du prélat. « Ils n'ont aucune demeure fixe », écrit un des pères du concile, « ils voyagent deux à deux, nu-pieds, en robes de laine; ils ne possèdent rien en propre et sont comme des apôtres nus qui suivent un Christ nu. Ils commencent maintenant très humblement parce qu'ils ne peuvent pas entrer ; mais, si nous les admettions, nous-mêmes serions chassés ».

Ce fut précisément l'auteur de ces lignes, l'anglais Walter Mapes, qui examina, d'ordre du concile, Valdo et son compagnon. Il s'en tira en les enveloppant dans des subtilités théologiques pour pouvoir les couvrir de ridicule, tant il sentait le danger que le peuple pût comparer la vie luxueuse et l'indifférence religieuse des prêtres avec la pauvreté volontaire des Vaudois, appuyée de la prédication fidèle de l'Evangile.

Mapes nous apprend encore qu'ils s'appelaient *Valdesii*, de leur chef, Valde de Lyon, et qu'ils présentèrent au pape la traduction de la Bible et le commentaire que Valdo avait fait faire.

Alexandre III les accueillit par un baiser ; le concile sanctionna leur triple vœu de pauvreté, de chasteté et d'obéissance, mais il leur fut défendu de prêcher sans l'approbation des autorités religieuses locales. C'était les renvoyer d'Hérode à Pilate.

Un cardinal embrassa cependant leur parti, et Valdo ne quitta pas l'Italie sans y laisser de nombreux adhérents.

Chapitre II.

Valdo sort de l'Eglise romaine.

La défense de prêcher librement l'Evangile fit comprendre à Valdo qu'il ne pouvait plus obéir à la voix de sa conscience en demeurant dans l'Eglise romaine. Il résolut de proclamer toujours plus haut ce qui débordait de son cœur et, le nombre de ses disciples continuant à s'accroître, il les envoya deux à deux dans toutes les directions, pour appeler les peuples à la repentance. On leur donnait les noms de Vaudois (Vaudès, Valdesi) et de Pauvres de Lyon ou Léonistes.

Valdo s'était aliéné les sympathies du clergé lyonnais en ne lui faisant aucune part dans la distribution de ses biens ; il se trouva en opposition directe avec lui quand il commença à parler en public en dépit des défenses du concile. En 1182, le nouvel archevêque, Jean de Belles-mains, les expulsa définitivement et, l'année suivante, le concile de Vérone les excommunia avec d'autres groupes de chrétiens qui s'étaient détachés de Rome.

Avant de suivre les premiers Vaudois sur la route de l'exil, il est nécessaire d'indiquer brièvement les points de doctrine sur lesquels se porta surtout leur protestation.

Le point de départ de Valdo avait été la vanité des richesses et la pauvreté volontaire. Mais il ne se dépouilla que peu à peu, et pas entièrement, des préjugés de son éducation religieuse. C'est ainsi qu'il conserva les vœux monastiques. Jusque là Rome l'aurait approuvé: un nouvel ordre aurait été un régiment de plus au service du pontife.

Mais Valdo voulait faire connaître la vérité, que l'étude progressive de la Bible lui révélait toujours mieux comme contraire à plusieurs dogmes du papisme et à la morale de ses chefs. Bientôt il ne put plus croire au purgatoire avec son cortège de cérémonies ayant pour but de faire affluer l'argent aux églises, ni à mainte autre pratique qui avait passé du paganisme dans l'Eglise romaine. Plus d'adoration des saints ni de la Vierge, bien que les Vaudois eussent une grande vénération pour la mère de Jésus.

La confession fut conservée; mais celui auquel elle était faite, au lieu de dire au pénitent, comme les prêtres: « Je t'absous », disait: « Que Dieu t'absolve de tout péché! » Les pénitences imposées étaient le jeûne et la répétition de l'Oraison Dominicale. Le mensonge, sous quelconque prétexte, était absolument prohibé. Le Oui et le Non devant suffire, tout serment était aussi défendu.

La peine de mort était considérée comme un pouvoir que l'homme n'a pas le droit de s'attribuer; Dieu seul pouvant donner la vie, c'est à Lui seul qu'il appartient de la retirer.

La communauté vaudoise prit le nom de Fraternité. Elle comprenait les ordonnés ou consacrés et les simples fidèles. Plus tard, les premiers se distinguèrent selon les charges dont les noms se trouvent dans le Nouveau Testament: évêque, prêtre ou ancien, et diacre. Les fidèles, réunis en chapitre, nommaient un recteur ou *regidor*: Valdo refusa constamment ce titre, mais il en fit les fonctions aussi longtemps qu'il vécut, ayant pour coadjuteurs Jean Vivet en France, Ugo Speroni en Italie. Le chapitre ou assemblée annuelle prit plus tard le nom de synode.

Partout où ils étaient en nombre, les Vaudois avaient un hospice, tenu par un recteur et quelques femmes âgées. On y célébrait le culte en secret et l'on y hébergeait les frères de passage.

Mais cette organisation ne reçut tout son développement qu'après la dispersion des Vaudois.

Chapitre III.

La dispersion — Les Cathares.

Chassés du Lyonnais et dénoncés comme hérétiques à toute la chrétienté occidentale, les Vaudois se réfugièrent de préférence dans les pays où se trouvaient en nombre d'autres ennemis de la tyrannie de Rome, en particulier les Cathares.

Ceux-ci professaient des dogmes qui n'étaient pas tous bibliques et, avec quelque différence de doctrine et de forme, on les retrouvait partout, sous le nom de Bulgares ou Bougres dans l'Europe Orientale, de Patarins en Italie, d'Albigeois dans le Midi de la France. Nous les retrouverons aussi dans les Alpes; il vaut donc la peine d'en dire quelque chose.

Les Cathares croyaient à l'existence de deux principes éternellement opposés l'un à l'autre: l'esprit et la matière, la lumière et les ténèbres, le bien et le mal, l'Ancien et le Nouveau Testament. Christ n'était pas pour eux une personne de la Divinité, mais seulement le porteur de la révélation du Dieu bon.

Comme les Vaudois, ils observaient les trois vœux et condamnaient le serment et la peine de mort. Il leur arrivait cependant de hâter le terme de leur existence pour ne pas perdre une grâce qu'ils venaient de recevoir. Le secret, qu'ils étaient obligés de garder dans leurs cérémonies, a servi de prétexte à leurs ennemis pour forger contre eux, comme contre les Vaudois, d'infâmes calomnies.

Mais l'austérité de leurs mœurs leur avait acquis une très grande popularité, et leur forte organisation leur permit de survivre à d'épouvantables persécutions, jusqu'à la veille de la Réformation.

Après l'expulsion de Lyon, on trouve des Vaudois, joints aux Cathares, dans presque tous les pays de l'Europe et jusqu'à Constantinople.

La lutte était vigoureusement engagée en Languedoc, où les Albigeois avaient pour eux une grande partie de la noblesse. De fréquentes disputes publiques avaient lieu entre les champions de Rome et ceux des Cathares. Les Vaudois ne tardèrent pas à s'y mêler.

Un inquisiteur ayant été assassiné, on ne sait par qui, le pape Innocent III proclama en 1208 la croisade contre les Albigeois et lança le Nord de la France contre le Midi. La Provence et le Languedoc, riches de cités florissantes et de riantes campagnes, furent impitoyablement mis à feu et à sang et virent périr plus de 60.000 âmes.

Un nombre à peu près égal, échappé à cette boucherie, se répandit dans tous les pays d'alentour. Une partie d'entre eux se dirigea vers les Alpes.

D'après une tradition, Valdo se serait joint à ces derniers ; d'autres assurent qu'il mourut en Bohême.

CHAPITRE IV.

Les Vaudois d'Italie.

Il faudrait des volumes pour retracer le martyrologe de toutes les communautés vaudoises dispersées en Europe. Balayées par l'Inquisition, elles ne disparurent pas sans laisser des germes profonds qui firent lever d'abondantes moissons aux jours de Luther et de Calvin.

Rappelons seulement les florissantes églises de Lombardie.

Les Vaudois s'étaient aussi mêlés aux Cathares en Italie, sans toutefois adopter leurs croyances. Il y eut encore quelques relations entre eux et les Humiliés, excommuniés comme eux au concile de Vérone et qui furent aussi appelés les Pauvres Lombards. Protégés d'abord par les autorités communales de Milan, en pleine lutte contre l'archevêque, les Vaudois purent même y ouvrir une école publique.

En 1205, les Vaudois de Lombardie se détachèrent de ceux qui, au delà des Alpes, avaient continué dans la voie tracée par Valdo et Vivet. Après la mort de ces deux conducteurs, six délégués de chacun des deux partis se retrouvèrent en 1218 à Bergame, pour tenter une réconciliation.

Il est étrange de devoir constater que l'accord, établi sur plusieurs points, devint impossible lorsque la discussion roula sur la mémoire de Valdo et Vivet. Leurs partisans les croyaient au paradis ; les Lombards disaient que cela ne pouvait être à moins que, au moment d'expirer, ils n'eussent fait pénitence pour leurs péchés. Nous ne savons pas ce qui leur était reproché ; peut-être s'agit-il d'abus d'autorité.

L'entente n'eut pas non plus lieu au sujet de l'administration de la Sainte-Cène. Les Lombards croyaient que ce sacrement ne pouvait être efficace lorsqu'il était servi par un prêtre indigne; les autres affirmaient que le caractère de l'homme ne peut empêcher l'action cachée du mystère divin. Les Vaudois du Piémont s'en tinrent à cette interprétation et, jusqu'à la Réformation, ils acceptèrent du clergé romain l'administration de la Sainte Cène et du baptême.

Les Lombards, plus radicaux, continuèrent leur marche indépendante, non toutefois sans maintenir des relations avec les autres communautés vaudoises, soit par le moyen des étrangers qui fréquentaient l'école de Milan, soit par leurs missionnaires, qui parcouraient toute l'Europe.

En 1229, l'inquisiteur Reinerius Sacco comptait dix écoles vaudoises dans la Val Camonica seule. Il ajoute que, vers 1250, ils avaient aussi des églises à Vicence, en Romagne, à Florence, dans le duché de Spolète; en 1280 ils étaient très nombreux en Sicile où Frédéric II les persécuta avec acharnement.

L'école et la mission de Lombardie étaient encore florissantes en 1368, après un siècle et demi d'une réaction féroce. Puis le silence se fait sur ces églises. Il est probable que de là, comme de la France, de nombreux Cathares et Vaudois recherchèrent l'abri protecteur des Alpes. C'est donc ici que va se concentrer notre attention, puisque c'est ici seulement que l'Eglise Vaudoise a pu, par la grâce de Dieu, braver les siècles et fleurir jusqu'à aujourd'hui.

Chapitre V.

Les Vallées Vaudoises de France.

La région des Alpes Occidentales, qui a servi de refuge et de forteresse aux Vaudois, s'étend sur les deux versants de la chaîne centrale. Sur le versant ouest, entre Briançon et Embrun, s'ouvrent trois vallons contigus, dont les torrents sont des affluents de droite de la Durance. Ce sont :

1) La *Val Pute*, aux nombreux *Puys* ou coteaux prononcés, sur lesquels sont perchés des hameaux. Cette vallée a pris au XVe siècle le nom de Val Louise. Ses cours d'eau descendent des glaciers du Pelvoux (4103 m.), se réunissent à Ville-Vallouise et courent ensuite, sous le nom de Gironde, jeter leurs flots grisâtres dans l'onde bleue de la Durance. En amont du confluent, la vallée est fermée par un mur crénelé et garni de tours, les *Barris de la Bâtie*. On l'appelle aussi *Mur des Vaudois*, mais c'est à tort, car il a été construit en 1376 pour arrêter les incursions des compagnies mercenaires, au cours de la Guerre de Cent Ans.

2) L'étroit vallon du Fournel, qui n'est habité qu'à son débouché, à l'*Argentière*. Vallouise et l'Argentière ne comptent plus d'évangéliques.

3) Le vallon de *Freissinière*, aujourd'hui Freyssinières. Il descend du Col d'Orcière et est couronné de plusieurs sommets neigeux, qui dépassent 3000 mètres. On y trouve d'abord Dormillouse, dernier refuge des Vaudois sous le régime de la Révocation, rendu fameux par le séjour de Félix Neff. Il est en grande partie inhabité, depuis que ces montagnards ont émigré en Algérie.

Dormillouse est isolé du reste du vallon par une pente rapide, dangereuse en hiver, d'où l'on descend dans la froide *Combe*, privée de soleil pendant plusieurs mois.

La Nobla Leyczon.

On y trouve les Violins, avec le temple. Plus bas, les Ribes, chef-lieu de la commune, avec l'église romaine. On appelle Plan un bassin, jadis fertile, aujourd'hui ravagé par la Biaïsse, qui en sort par un passage qu'elle s'est frayé dans le roc, pour disparaître bientôt, entre Chancella et Pallons, dans un gouffre avant de rejoindre la Durance. Pallons est actuellement la résidence du pasteur.

On trouve aussi des Vaudois, au Moyen Age, dans d'autres vallées dauphinoises, où se constituèrent des églises nombreuses, après la Réformation ; ainsi dans le Gapençois et la Drôme, et plus près de nous, à Embrun, Guillestre, Vars, Barcelonnette.

CHAPITRE VI.

Les Vallées Vaudoises du Piémont.

Tableau orographique.

Les vallées, qui furent le théâtre principal des délivrances que Dieu accorda à l'Israël des Alpes, sont adossées au tronçon de la chaîne, compris entre le Granier (3170 m.) au sud, la plus haute cime des Vallées, et Rasin (3067 m.) au nord. On y remarque le Col de la Croix (2303 m.), très fréquenté, bien qu'il ne soit parcouru que par un mauvais chemin muletier, qui relie Bobi en Val Pélis avec Abriès en Queyras, le Palavas (2929 m.) et le Bouchier (2998 m.), et enfin le Col d'Abriès (2650 m.), communication unique et incommode entre le Queyras et le Val S. Martin.

De cette chaîne de frontière, étroite et abrupte, se détachent en éventail les contreforts suivants:

I. Celui qui borne au sud la région vaudoise, séparant la Vallée du Pélis de celle du Pô. Il part du Granier vers l'est, et l'on y trouve le Col de la Giana (2521 m.), le Frioulent (2735 m.), les Cols des Portes et du Vallon. Ses dernières diramations renferment le vallon de Rora et les territoires de Luserne et Lusernette.

II. Au nord du Granier, un contrefort de peu d'étendue, mais plus élevé que le précédent, dont il est séparé par les quatre vallons de la Combe des Charbonniers.

III. Le contrefort qui ferme au nord le bassin du Pélis, qu'il sépare de ceux de la Germanasque et du Cluson. Il se détache au N. E. du Bouchier. Notons y le Col Julien (2443 m.), le Cournour (2808 m.), le Roux (2751 m.), le Grand Truc (2366 m.), le Coulet de Soniran

(1827 m.), le Cervin et le Castelet entre lesquels s'étend le riant plateau de la Vachère (1450 m.), les Barioles, la Collette (888 m.) et les Peui. De là descendent sur la plaine les collines qui portent les riches vignobles de Briquéras et de Prarustin.

Du Roux descend au sud la chaîne qui sépare Angrogne du reste de la vallée et qui du Vandalin (2122 m.) s'abaisse brusquement, d'abîme en abîme, jusqu'au pittoresque Castelus (1434 m.), dont la silhouette caractéristique constitue le fond du paysage de la Tour, chef-lieu des Vallées.

Au nord du Roux, se détache le contrefort de Cialancio aux flancs vertigineux, qui présente plus loin la belle paroi de marbre de Rocheblanche.

Du Grand Truc part, en contournant le vallon de Pramol, la croupe gazonneuse de Las Arà.

IV. La vallée de S. Martin, où coule la Germanasque, est fermée au couchant et au nord par le contrefort qui, depuis le Rasin, suit la direction primitive de la chaîne, tandis que celle-ci fait un brusque détour vers l'ouest pour embrasser les sources de la Doire. Rappelons les Cols de la Longio (2812 m.) et de Rodoret, la Penno (3032 m.), l'Eiminal (3037 m.), les Cols du Pis (2606 m.), de l'Albergian (2701 m.), du Clapier (2007 m.) et de Buffo (1680 m.), et le Bric Trei Aval (1639 m.), ainsi appelé parce qu'il domine les trois vallées de Pragela, de Pérouse et de S. Martin.

De ce grand arc se détachent vers le centre du Val S. Martin :

1) le contrefort qui descend sur Galmount et sépare Pral et Rodoret.

2) celui qui sépare les vallons de Rodoret et Pral de ceux de Salse et Macel, et où l'on remarque le Coulet des Fontaines, Cuculion et le Bessé.

3) la Vergio, entre Salse et Macel.

4) la masse abrupte du Pelvou (2802 m.), qui domine les Quatre Dents de la Balsille.

À la Penno, notre contrefort se bifurque et la branche O. N. O. décrit une ample courbe qui enveloppe la
vallée du Cluson. Elle s'élève jusqu'à 3277 m. à la Rougnousa, d'où elle tombe à 2030 au C. de Sestrière et
présente ensuite le Col de Côteplane (2315), l'Assiette et
le Grand Serin, théâtres de la fameuse bataille de 1747,
le Col des Fenêtres (2214 m.), Boucciardo, d'où descend
le coteau rapide qui marquait jusqu'en 1713 la frontière
entre le Dauphiné et le Piémont.

Chapitre VII.

La Vallée de Luserne ou du Pélis.

Cette Vallée est la plus courte et la plus ouverte de toutes celles des Alpes Occidentales.

Le Pélis prend sa source au petit Lac Noir (2619 m.), nourri par les neiges du Granier ; il traverse le Lac Long, puis le plateau du Pra (1732 m.), baigne le pied des ruines de Mirabouc et sort de l'étroit vallon de la Ferrière, à Bobi, pour couler désormais, moins impétueux, au milieu des belles prairies du Villar, de la Tour et de S. Jean. Il abandonne les dernières ramifications des Alpes entre Bubiane et Briquéras, reçoit un volume d'eaux supérieur au sien par l'affluence du Cluson et, arrivé près de Faule (277 m.), se jette dans le Pô, dont il est le premier affluent de gauche. Son cours est de 58 km., dont 32 dans la vallée, jusqu'à Bubiane.

Il reçoit à droite :

1) Le Guichard, qui recueille les eaux des quatre vallons de la Combe des Charbonniers : la Roussa, le Pis, la Giana et Ciabrarëssa.

2) La Lioussa, qui descend du Frioulent, vis à vis du Villar.

3) La Luserne, qui parcourt le vallon où l'on extrait le superbe gneiss lamellaire de Rora et de Luserne.

A gauche :

1) Le Cruel, qui descend du Cournour, en amont de Bobi, et qui mérite son nom à cause des ravages qu'il a commis à plus d'une reprise.

2) Le Subiasc, qui descend aussi du Cournour, encaissé entre de hautes parois, riches en souvenirs historiques, et débouche en aval de Bobi.

3) Le Rospart, qui baigne les murs du Villar.

4) L'Angrogne. C'est l'émissaire du lac de Celle Vieille, au pied du Roux. Son cours sinueux est resserré entre de nombreux contreforts, où ses eaux limpides forment des gouffres profonds et pittoresques, appelés *toumpi*, tels que ceux de l'Ourse, de Saquet, le Gourg Nïe, le Fiasac. C'est de l'Augrogne que sont dérivées la *Bialera Peyrotta* et la *Malana*, canaux d'irrigation qui fécondent la riante *Costière* de S. Jean. Enfin l'Angrogne traverse la Tour et ses eaux, avant d'atteindre le Pélis, sont encore en bonne partie canalisées pour des usages industriels. Elle compte 16 km. de cours.

5) La Ciamougna, qui descend par deux branches des hauteurs de Briquéras et de Prarustin.

6) Le Cluson, dont il est parlé à part.

La Vallée du Pélis comprend les communes suivantes :

Bobi, qui occupe la frontière. L'histoire rappelle, outre la Ville (743 m.), le Puy et Villeneuve ; mentionnons encore l'Absès, le Laus, les Champs, Malpertus, Romana, ainsi que de nombreux chalets et huit beaux alpages. Bobi compte 1500 habitants, dont 1423 Vaudois.

Au Villar, rappelons le chef-lieu (651 m.), le Bessé, la Baudeine, la Combe, Subiasc, le Charmis, le Teynau, et six alpages. On y compte 1620 Vaudois sur 1888 habitants.

La Tour, en italien Torre Pellice, doit son nom à l'ancien manoir que ses comtes occupèrent jadis sur la colline du Fort. Cette commune a, peu à peu, surtout depuis la Révolution Française, enlevé à Luserne les attributs de chef-lieu de la vallée. La Tour est même devenue la petite capitale des Vallées Vaudoises, au point de vue intellectuel et ecclésiastique, en un mot la Genève italienne, comme l'a appelée l'écrivain De Amicis. On y trouve la Maison Vaudoise avec la Salle du Synode, une bibliothèque de 30.000 volumes, un Musée d'Histoire Vaudoise et les institutions d'instruction secondaire administrées par l'Eglise: gymnase, lycée et école normale. Nommons encore les Chabriols, les Bonnets, le Taillaré, les Copiers, Sainte Marguerite, la Ravadera, occupée par plusieurs villas.

La population de la Tour, fortement mélangée depuis l'introduction de grandes industries, est de 5876 habitants, dont 2512 vaudois.

Luserne, aujourd'hui Luserne-S. Jean, ancien chef-lieu de la vallée et résidence de ses puissants feudataires. Bien qu'elle ait perdu sa prééminence administrative, cette commune demeure la plus prospère au point de vue de l'agriculture et des industries. Elle compte trois centres, l'antique bourg de Luserne, les Bellonats, chef-lieu de S. Jean, les Airals (475 m.), chef-lieu des deux communes réunies. Rappelons le quartier des Vignes, dans le vallon de la Luserne. La population est de 4728 habitants, dont 1901 Vaudois.

Ces quatres communes se succèdent le long du cours du Pélis ; les deux suivantes occupent les vallons latéraux :

Angrogne, le centre naturel des Vallées, renfermé et défendu par de hautes montagnes, région alpestre, riante et parsemée de nombreux hameaux, tels que le Pradutour, le Serre, le chef-lieu, appelé jadis Ruà de la Ghieisa (750 m.), Prassuit, le Verné, les Malans. Habitants 2348, dont 1711 Vaudois.

Rora (942 m.), petite commune du bassin de la Luserne, avec Rumer et le Pradutour, dans la région des carrières de gneiss. Habitants 675, dont 619 Vaudois.

Les communes suivantes, placées entre les vallées de Luserne et de Pérouse, ont été appelées *terres moyennes* :

S. Second et Prarustin, dont le vignoble recouvre la pente de la montagne jusqu'à S. Barthélemi (738 m.), placé sur un belvédère superbe dominant la plaine riante du Piémont. Les principaux centres sont la Ruà et le Roc. Prarustin compte 1415 habitants, dont 1310 Vaudois ; S. Second 2069, dont 384 Vaudois.

Rocheplate, aux sources de la Turinella, a deux centres, les Gaudins (986 m.) et les Rostans. Habitants 247, dont 232 Vaudois.

CHAPITRE VIII.

La Vallée du Cluson.

Le Cluson, affluent du Pélis, a néanmoins un cours plus long et plus riche d'eaux que le Pélis, qu'il alimente. Il naît au pied de la Penno et reçoit le Clusonet, qui descend de la Rougnousa. Il décrit ensuite une vaste courbe, en coulant doucement dans la vallée, qui porte le nom de Val Pragela, jusqu'au défilé du Bec Dauphin, frontière de l'ancien Dauphiné. Plus bas et jusqu'au défilé des Portes, son bassin est dénommé Val Pérouse. Au sortir des collines, le Cluson tourne au sud et se joint au Pélis sous Garsillane, après un parcours de 75 km.

Son principal affluent est la Germanasque, mentionnée plus loin.

Rappelons encore, sur la droite, le Rusillard, torrent du vallon de Pramol, et la Turinella, torrent de Rocheplate.

En descendant le Val Pragela, le long de la superbe route internationale, construite sous Napoléon I, nous traversons successivement :

Pragela, vaste commune avec plusieurs grosses bourgades : La Val, Sestrière, les Traverses, la Rua (1522 m.), chef-lieu, le Grand Puy, les Souchères.

Usseaux (1416 m.) au pied du Col des Fenêtres, avec le Fraïsse, Pourrières, Balbouté et le Laux, non loin d'un joli lac.

Fénestrelles (1150 m), avec le Puy et Péquerel. La forteresse, qui domine le bourg, lui a valu de devenir le chef-lieu de la vallée.

Mentoulles (1071 m.), avec Villeclose et les Chambons.

Le Roure, qui comprend plusieurs profonds vallons, sur les deux flancs de la vallée. Hameaux : le Villaret (976 m.), le Fayé, la Balme, le Chargeoir, le Château du bois, le Sauvage, Bourset.

Le Méan, détaché de Pérouse lorsque les confins du Dauphiné furent portés au Bec Dauphin.

La Vallée de Pérouse doit son nom au bourg (621 m.) placé près du confluent du Cluson et de la Germanasque. L'histoire vaudoise rappelle les quartiers de l'Albouna et de la Chapelle.

Le territoire à droite du Cluson en a été détaché pour des raisons politiques et religieuses et forme la commune du Pomaré (611 m.), dont le chef-lieu occupe le débouché du Val S. Martin. En outre, les Pous, sur le Cluson, le Puy, sur le plateau dominant un vaste vignoble, les Macels, le Clot des Boulards. Habitants 717 dont 560 Vaudois.

Pinache (560 m.) avec le Puy, le Dublon et le Grand Dublon.

La droite de la vallée en a aussi été détachée et forme l'Envers Pinache, avec le Clot (610 m.) et les Chenevières. Habitants 821 dont 715 Vaudois.

Le Villar Pérouse, vaste territoire à la population assez clairsemée, sauf aux environs d'une grande usine, de construction récente (500 m.).

Saint-Germain (486 m.), où l'industrie est une source de bien-être. Hameaux : les Gondins et Savoia, entre lesquels a été construit un Asile de Vieillards, les Balmas, le Sangle. Habitants 1446, dont 833 Vaudois.

Les Portes (462 m.), dans la gorge à l'issue de la vallée.

On a détaché, sur la droite du Cluson, l'Envers-Portes, chef-lieu la Turina (526 m.), avec Chabrand, la Combine, Pralarossa. Habitants 631, dont 432 Vaudois.

Pramol, dans le bassin du Rusillard. Quartiers : Costabelle, la Ruà (1130 m.), chef-lieu, les Pellencs, Peumian. Habitants 1472, dont 1201 Vaudois.

Chapitre IX.

La Vallée de St. Martin ou de la Germanasque.

La Germanasque recueille, par plusieurs embranchements, toutes les eaux du Val S. Martin. La branche la plus directe descend des flancs du Bouchier et du Col d'Abriès, parcourt le vallon sauvage de Pral et se joint, en amont du Perrier, avec la Germanasque du Pis ou de Macel, appelée anciennement le Rabioû. Ensuite, par un cours moins précipité, elle se dirige vers la gorge, resserrée entre les parois de la Tour et du Fort Louis, au sortir de laquelle elle baigne le Pomaré et se jette dans le Cluson. Son cours est de 27 km.

Elle reçoit, à droite :

1) Le Riou, formé par les ruisseaux provenant de la Reissiassa, du Col Julien et des Treize Lacs, riant plateau que dominent le Cournour et le Roux.

2) La Gorge, émissaire du lac d'Envie, le plus beau des Vallées.

3) Le Gâ, ou Riou de Fayé, émissaire des lacs de la Balme, de Cialancio et du Lausoun.

4) Le Riou Claret qui descend du Grand Truc.

A gauche :

1) Le Rodoret, qui débouche au pied de Galmount, par une belle cascade.

2) La Germanasque du Pis.

3) La Combe Crose, qui débouche au pied des rochers de la Tour.

La Germanasque du Pis a ses sources les plus reculées dans les pâturages des Cols de l'Albergian et du Pis. Elle s'engage dans le Vallon Crô, d'où elle se précipite en formant la jolie cascade du Pis, haute de 200 mètres. Elle se joint à la Germanasque de Pral, après un cours de 13 km. Elle reçoi t:

1) dans le Vallon Crô, l'émissaire des sept lacs du Beth.

2) à la Balsille, le Gunivert.

3) la Salse, qui parcourt la commune de ce nom.

La vallée de S. Martin est partagée, depuis de longs siècles, en onze communes, dont quelques-unes bien petites.

Pral, à la frontière, avec les Pommiers, les Guigou (1443 m.), chef-lieu, la Ville.

Rodoret, (1430 m.) maintenant annexé à Pral, vallon sauvage dont les pentes sont souvent ravagées par les avalanches. On y pénètre par le passage de l'Eicialeiras, malaisé en été, très dangereux en hiver.

Pral et Rodoret comptent 1155 hab., dont 991 Vaudois.

Salse, dans un frais vallon, riche en magnifiques forêts. Rappelons le Didier (1215 m.), chef-lieu, et, sur le versant de Rodoret, Serveil et les Fontaines. Habitants 419, dont 280 Vaudois.

Macel, avec la Balsille, les Passet, le Robers (1207 m.), chef-lieu, le Chabers, où sont les églises des deux cultes, Champ la Salse. Habitants 577, dont 535 Vaudois.

Maneille, chef-lieu la Baïsse (1130 m.). Après avoir été, pendant trois siècles, le centre d'une vaste paroisse, Maneille est aujourd'hui annexée à celle du Perrier. Habitants 298, dont 183 Vaudois.

Chabran (1007 m.), la plus petite commune des Vallées, dans un frais vallon, que de beaux bois protègent imparfaitement contre les avalanches. Habitants 157, dont 96 Vaudois.

Traverse (1063 m.), avec 181 hab., dont 96 Vaudois.

Saint Martin (1082 m.), dont l'ancienne église, aujourd'hui en ruines, a donné le nom à toute la vallée. Habitants 215, dont 44 Vaudois.

Bouvil, avec les Vrocs (1265 m.) chef-lieu, la Bâtie et la Tour, dont les noms rappellent les fortifications qui défendaient l'entrée de la vallée. Habitants 215, dont 142 Vaudois.

Ces cinq dernières communes occupent la gauche de la vallée. Sur la droite s'étendent :

Fayé ou Faët, dans un profond bassin qui remonte jusqu'au Roux. Mais le chef-lieu, les Troussiers (750 m.), est à gauche de la Germanasque, de même que Ville-sèche, naguère le centre d'une vaste paroisse, qui en garde le nom. Habitants 786, dont 537 Vaudois.

Riclaret, avec le Trussan, Combegarin, l'Albarée et, sur la gauche de la rivière, les Clos (714 m.), chef-lieu. Habitants 562, dont 498 Vaudois.

En 1660 fut constituée la commune du Perrier (832 m.) en faveur des catholiques de la vallée et au détriment, surtout, de Traverse, S. Martin et Fayé. Ancienne résidence féodale, sa position centrale en fait le chef-lieu naturel de la vallée. Pral lui a cédé en 1895 son quàrtier excentrique du Bessé, situé vis-à-vis de Maneille. Habitants 676, dont 216 Vaudois.

D'après le recensement de 1901, le total de la population, daus les communes des trois vallées vaudoises actuelles, est de 28.965 habitants, dont 18.714 Vaudois, auxquels il faut en ajouter 946, établis dans les communes avoisinantes. La surface est de 50.655 hectares, la plus grande partie en montagne.

Chapitre X.

Les Vallées des Alpes Cottiennes avant Valdo.

Longtemps avant la conquête romaine, les Alpes qui séparent les bassins du Pô et de la Durance étaient occupés par des tribus de Ligures, tels que, semble-t-il, les *Ceutrones* au Mont Genèvre, les *Magelli* et les *Germani* dans le bassin du Cluson, les *Vibelli* dans celui du Pélis, les *Caburriates* et la grande tribu des *Taurini*, qui s'étendaient aussi dans la plaine.

Lorsque, après des luttes acharnées, les Romains eurent dompté ces populations belliqueuses, déjà fortement mélangées de Gaulois, et occupé ces forteresses naturelles, ils en formèrent un petit Etat, qu'ils confièrent successivement à Donnus et aux deux Cottius, ses fils et petit-fils. De là le nom d'Alpes Cottiennes.

Depuis les temps de Néron, ces vallées partagèrent les destinées de l'empire romain, furent lentement christianisées et subirent aussi les conséquences des invasions barbares, surtout de celles des Langobards et des Francs.

Au X⁰ siècle une bande de Sarrasins, remontant le cours de la Durance, vint se nicher dans les Alpes Cottiennes. Pendant trente ans (942-972), ils les ravagèrent, massacrant les habitants et effaçant toute trace du culte chrétien.

Les hauteurs demeurèrent en grande partie dépeuplées, et les personnages, qui entreprirent de les reconquérir sur les Maures, en furent reconnus comme les seigneurs.

Au temps de la croisade contre les Albigeois, deux dominations principales s'affermissaient dans les Alpes Cottiennes.

Les Dauphins du Viennois possédaient le versant occidental et, en outre, la vallée de la Doire jusqu'à

Chaumont, et celle du Cluson jusqu'aux confins de la Pérouse.

Mais des seigneurs locaux pesaient plus lourdement sur les populations. Ainsi les archevêques d'Embrun furent impitoyables pour les Vaudois de leur diocèse. Les vallées cisalpines du Dauphiné obéissaient à la prévôté d'Oulx. Les comtes de Maurienne (devenus plus tard ducs de Savoie) avaient acquis la suprématie sur Pignerol par le mariage d'Othon avec Adélaïde de Suse. Ils soumirent successivement les seigneurs des vallées de Pérouse, S. Martin et Luserne.

Les comtes de Luserne, une des quatre familles les plus puissantes du Piémont, possédaient tout le bassin *du Pélis*, sauf Briquéras et Osasc.

Sous l'aspect religieux, les Vallées se ressentaient encore de l'occupation sarrasine. Cependant, la prévôté d'Oulx avait fait ériger, au Val Cluson, le prieuré de Mentoulles et les paroisses d'Usseaux et Pragela.

L'Abbaye de Pignerol, fondée en 1064 et richement dotée par Adélaïde de Suse, avait sous sa dépendance les vallées de Pérouse et de S. Martin; mais peu d'églises y avaient été bâties et très peu de celles-ci avaient un ecclésiastique à poste fixe.

Vers 1153 fut fondé, dans le territoire de Luserne, le prieuré de S. Jean, chargé de pourvoir aux offices divins dans les communes limitrophes.

Celui de S. Christophe fut fondé en 1228 pour le Villar et Bobi.

Voilà ce que l'on sait de l'état des Vallées au XIII siècle, lorsqu'elles servirent de refuge aux réchappés des persécutions, qui furent déchaînées, en Italie et en France, contre les Cathares et les Vaudois.

Les seigneurs locaux, même les ecclésiastiques, semblent les avoir accueillis volontiers pour pouvoir repeupler leurs domaines.

Au reste, il faut se représenter cette immigration moins comme une invasion en masse que comme l'arrivée successive de groupes plus ou moins nombreux, ou même d'individus isolés. D'ailleurs, si la population était très clairsemée depuis les razzias des Maures, elle n'avait cependant pas entièrement disparu.

Sauf dans les régions les plus reculées, les Cathares et les Vaudois ne constituèrent d'abord qu'une minorité qui, grâce à une propagande active, de maison en maison, et à la pureté de sa vie, attira à elle les anciens occupants du sol, que le clergé romain laissait croupir dans l'ignorance, quand il ne les scandalisait pas par sa rapacité et ses mœurs dissolues.

Il en fut ainsi jusqu'au XVIe siècle, alors que la population de communes entières embrassa la Réforme et que l'institution du culte public contraignit les tièdes à se décider pour ou contre l'Evangile.

CHAPITRE XI.

Dernières traces des Vaudois aux Vallées et premières persécutions.

Il est possible que les Vaudois aient visité les Alpes Cottiennes peu après leur expulsion de Lyon et qu'ils y aient groupé quelques adhérents. Les enseignements de Pierre de Bruys, d'Arrigo et des Cathares leur avaient préparé le terrain, en commençant à détacher le peuple de l'Eglise de Rome.

En 1210, alors que la croisade sévissait encore en Languedoc, l'empereur Othon IV ordonne à l'évêque de Turin d'expulser de tout son diocèse les Vaudois et tous les adversaires de la foi romaine.

Un article des Statuts de Pignerol, qui remontent à l'année 1220, défend d'héberger aucun Vaudois ou Vaudoise dans le territoire de cette commune, sous peine de 10 sous d'amende, équivalant à 6 hémines de blé.

Des documents du temps montrent comme établies aux Vallées plusieurs familles qui s'y trouvent encore. Ainsi, en 1232, à Angrogne, les Arnoulf, Bonnet, Buffa, Hugon, Jouve, Monastier, Revel, Rivoire, Stallé, etc.

Pendant ce temps, les comtes de Savoie tâchaient de reprendre à l'Abbaye de Pignerol les fiefs qu'Adélaïde de Suse lui avait assignés. Miradolo s'était donné à eux en 1198 ; en 1244 l'abbé dut leur céder Pignerol et, deux ans plus tard, la vallée de Pérouse. En 1275, ce fut le tour de celle de S. Martin.

En 1295 la branche cadette de la maison de Savoie, qui avait usurpé le comté, constitua pour la branche aînée le petit Etat, qui prit le nom de principauté d'Achaïe, avec Pignerol pour capitale. Les seigneurs de Luserne en reconnurent la suzeraineté.

L'Inquisition avait été organisée en Languedoc pour épier les hérétiques dont on sentait que la conversion, dictée par la force, ne pouvait être sincère. Les moines dominicains et franciscains, auxquels elle fut confiée, ne tardèrent pas à suivre dans leurs pérégrinations les fuyards qui avaient échappé aux massacres. On les signale en Dauphiné dès l'année 1233, et dès 1252 en Piémont, où ils trouvèrent des hérétiques à Turin, à Asti, à Ooni et dans les différentes vallées du Marquisat de Saluces et de la principauté d'Achaïe. On voit, à partir de 1297, ces princes partager avec les inquisiteurs les frais et les profits de la recherche des *Vaudensi* et de la confiscation de leurs biens. Les victimes, qui étaient brûlées vives, appartenaient surtout à la vallée de la Pérouse, domaine direct des princes.

Chapitre XII.

Les Vaudois durant le XIVe siècle.

Les autres vallées ne furent pas longtemps exemptes du fléau de l'inquisition.

L'un des principaux Barbes (c'est de ce nom, qui signifie oncle, que les montagnards appelaient leurs prédicateurs itinérants), Martin Pastre, parcourait, sans se lasser, les deux versants des Alpes, fortifiant les fidèles contre les menaces et les tentations des adversaires. La chose ne put demeurer secrète, puisqu'il réunissait jusqu'à 500 personnes, avides de l'entendre, comme il arriva au Val Luserne. Recherché activement par les inquisiteurs, il avait toujours réussi à leur échapper. Après avoir exercé pendant vingt ans son périlleux ministère en Piémont, au Marquisat, en Dauphiné et en Provence, il fut enfin arrêté, en 1332, dans ce dernier pays. Son procès fit résulter qu'il était cathare, puisqu'il niait le mystère de l'Incarnation du Fils de Dieu.

Quand cette arrestation fut connue à Angrogne, les habitants assommèrent leur curé, aux délations duquel l'on attribuait la perte du Barbe et la venue d'un Inquisiteur dans la vallée. Ils assiégèrent ce dernier dans le château où il faisait sa résidence et le contraignirent à partir en cachette. Il se rendit au Val Pérouse, protestant devant le prince et devant le pape contre la méchanceté des hérétiques et contre les seigneurs de Luserne, qui se montraient peu disposés à prendre les armes pour exécuter les sentences de l'Inquisition.

Le pape lança deux brefs foudroyants, et Jacques d'Achaïe fit d'amers reproches aux seigneurs, sans toutefois pouvoir les amener à sévir contre ceux qu'ils avaient protégés jusqu'alors, qui avaient fait refleurir leurs vallons désolés et qui payaient regulièrement leurs redevances.

L'Inquisition continua à faire des victimes dans les vallées dauphinoises, non sans recourir souvent à des compositions en argent, ainsi en 1345 au Val Cluson et, six ans plus tard, au Val Luserne.

En 1354, le prince exigea personnellement, sous de graves peines, de huit des seigneurs de Luserne, qu'ils arrêtassent, dans la nuit du 17 juin, les hérétiques *Castellan*, *Rivet*, *Martin* des Armands du Taillaré, à la Tour; *Caffet*, *Ginosio*, *Gioannone*, *Parone* et deux *Rivet*, à Luserne et S. Jean; *Giustino* et *Brueria*, à Angrogne; *Oddonario*, à Rora; enfin, à Bobi, *Aghit*, *Favatier* et la belle *Alasia*. Mais, le 2 juillet, Jacques d'Achaïe ne put livrer à l'Inquisiteur qu'un autre hérétique, qui était déjà en prison avant son ordre.

A cette époque, le pape lança l'interdit sur tout l'état du prince parce qu'il détenait, depuis trois ans, un de ses protégés. Lorsque cette censure ecclésiastique eut été levée, en 1355, les bûchers et les confiscations reprirent de plus belle au Val Pérouse.

En 1366, au cours d'une visite faite par l'évêque de Turin au Val Luserne, six Vaudois furent condamnés et quelques-uns abjurèrent.

Son successeur y envoya l'inquisiteur Antoine Pavonio. Mais, comme il procédait avec fureur dans son œuvre de sang, il fut massacré, le 9 avril 1374, sur la place de Briquéras par sept hommes du lieu. La commune dut faire les frais du procès, duquel il résulte qu'eux aussi étaient cathares.

C'est en 1377 que l'on voit pour la première fois, et peut-être malgré eux, les seigneurs de Luserne essayer de nuire aux Vaudois, en établissant par contrat qu'ils ne pourraient pas prendre part aux travaux des carrières de la vallée.

Le Dauphiné, avec les vallées d'Oulx et de Pragela, avait été cédé au roi de France, en 1349, par Humbert, dernier dauphin. Là aussi, Vaudois et Cathares continuèrent à être cruellement persécutés. Les noms des martyrs sont souvent les mêmes que ceux des familles des Vallées : *Armand, Boër, Bonet, Jourdan, Long, Maraude, Maurel, Pascal, Pons, Soulier.* Ces supplices forcèrent plusieurs Vaudois des régions inférieures à se retirer à Freissinière et en Val Pute, où dès 1365 l'inquisiteur envoya contre eux des soldats, qui firent plusieurs victimes.

Les pontifes, dont le schisme et l'inconduite scandalisaient toute la chrétienté, tout en s'excommuniant l'un l'autre, excitaient à l'envi toutes les autorités contre les hérétiques. En 1373, Grégoire XI se plaignait au roi de France, Charles le Sage, de ce que ses officiers entravaient l'œuvre des inquisiteurs en Dauphiné. Cela ne fut pas pour longtemps, car le féroce Borelli fut bien laissé libre de déchaîner sa rage. Il exerça sa charge jusqu'en 1393 et condamna plus de 230 hommes et un grand nombre de femmes et filles.

C'est lui qui organisa, en octobre 1384, une expédition contre Pragela. Avec des paysans du Queyras et du Monêtier, aidés de ceux du Sauze de Cesanne, il franchit le Col de Sestrière, tandis que des pillards, venus d'Exilles, descendaient du Col des Fenêtres. Pendant douze jours ils accomplirent leur œuvre d'extermination et de dévastation dans le haut Val Cluson. Ceux qui purent échapper à leur fureur sanguinaire s'enfuirent sur l'Albergian, déjà couvert de neige, et cherchèrent un abri sur le versant de la montagne qui regarde le Val S. Martin. Mais plusieurs moururent de froid au cours de la nuit qu'ils durent passer, à près de 3000 mètres, dans un repli de la montagne, qui en a gardé le nom de Clos des Morts. Tel fut le sort de plusieurs adultes, et de cinquante des quatre-vingts enfants, que leurs parents avaient apportés là-haut dans leurs berceaux.

Ceux que la crainte de la mort avait induits à abjurer n'en furent pas quittes pour cela. Car, étant retournés à leurs croyances quand le danger fut passé, ils furent recherchés comme relaps et exécutés, lors d'une nouvelle visite de l'inquisiteur, en décembre 1392.

Pendant que Borelli terrorisait le Dauphiné, l'inquisiteur Antoine Secco agissait contre les hérétiques piémontais. Il séjourna à Pignerol de 1387 à 1388 et les dépositions qu'il recueillit montrent les Vaudois fortement organisés dans les Vallées et aux alentours, avec des diacres et de nombreux Barbes qui présidaient des cultes même dans les bourgs de la plaine.

Impuissant devant une telle force, il se borna à dénoncer de nombreuses familles, quitte à se saisir des personnes qui s'aventuraient à sortir de l'asile de leurs montagnes.

Chapitre XIII.

Les Vaudois au XV⁰ siècle
jusqu'à la première grande persécution (1398-1482).

Après avoir répandu tant de sang, Rome essaya d'une mission pacifique. Vincent Ferrier, prédicateur renommé dans ces temps d'ignorance, parcourut de 1398 à 1403 les vallées des deux versants, écouté avec respect. Il se vante, dans ses lettres, d'avoir converti un évêque vaudois au Val Luserne et d'avoir détruit les écoles de la vallée d'Angrogne. Au reste, dit-il, depuis trente ans ces peuples n'entendaient pas d'autre prédication que celle de leurs Barbes, qui venaient deux fois par an des Pouilles. La vérité est que sa visite ne laissa point de trace durable.

L'Inquisition recommença donc de plus belle, tant au deça qu'au delà des Alpes. En nous bornant à parler des Vallées proprement dites, on ne trouve rien de remarquable jusqu'en 1448, alors que les Angrognins, tourmentés par leur curé ligué avec les comtes, s'insurgèrent. Le curé fut mis à mort et deux seigneurs fort maltraités. L'inquisiteur Jacques de Buronzo se mit à prêcher, escorté d'une troupe de soldats, mais sans fruit ; aussi cita-t-il devant son tribunal toute la population, bravade qui n'eut d'autre résultat que de provoquer une dispute sur la place de Luserne, entre lui et le barbe Claude Pastre, protégé par plus de 300 Vaudois armés.

Renonçant à agir dans de telles conditions, l'inquisiteur lança contre eux l'interdit pour cinq ans. Mais cette mesure, qui avait fait trembler des rois et des empereurs, quelques siècles plus tôt, ne semble pas avoir trop affecté les habitants de la vallée de Luserne. Nicolas V la leva en 1453 pour ceux qui auraient abjuré.

Ceux-ci, selon une source, auraient été au nombre de 3000, Vaudois ou Cathares, qui cessèrent tous de fréquenter la messe, quand l'inquisiteur fut reparti, en 1457.

En 1451, un certain Regis, diacre au Val S. Martin, fut arrêté, et son procès fut fait à Pignerol. On y voit que ses doctrines étaient cathares. La torture lui arracha les noms de nombreuses familles, on dirait presque de toutes celles de la vallée. En 1471, l'Inquisiteur lança un décret contre sept Vaudois de cette vallée : François Perro, Pierre Ginosi, Antoine Ayassa, François Rostan, Jacques Ribet, Martin Ribbe et Martin Traversia. Il y eut, à cette même époque, des victimes dans d'autres vallées, ainsi Roussier et Champ, de Fénestrelles, et Jordan Tertian, de Méane, qui furent conduits à Turin pour y subir le dernier supplice.

Ces rigueurs provoquèrent l'émigration de plusieurs habitants des Vallées vers la Provence et la Calabre.

Le souverain et l'Inquisition intervinrent en 1475 pour empêcher la vente des biens des relaps et en partager la valeur. Cela ne faisait pas le compte des seigneurs de Luserne, qui firent la sourde oreille, particulièrement Antoine Rorengo de Campillon, podestà de la vallée. C'est alors que l'Inquisition obtint de la duchesse Yolande, régente au nom de son fils Philibert I, l'édit du 23 janvier 1476, ordonnant aux onze officiers publics de la région d'obéir à l'Inquisiteur, sous peine d'être enveloppés dans les châtiments qui attendaient les hérétiques. Le podestà s'excusa en disant que les Cathares d'Angrogne, St. Jean, Villar et Bobi se soulevaient contre leurs seigneurs quand ils se faisaient les instruments de l'Inquisition. Cette remarque est confirmée par les évènements précédents et montre que les Vaudois étaient plus paisibles ; ils croyaient, en effet, qu'il n'est pas permis de résister aux autorités, même pour sauver sa vie.

Yolande ne put pas exécuter ses menaces, ayant dû, la même année, prendre part à la bataille de Morat et subir ensuite quatre mois d'emprisonnement de la part de

Charles le Téméraire. Quand elle put repasser les Alpes, elle trouva le Piémont attaqué par le duc de Milan et parcouru par des brigands. Elle finit par se brouiller avec le pape et mourut en 1478.

Les comtes de Luserne profitèrent de la période de troubles qui suivit pour pressurer leurs sujets, qu'ils protégeaient naguère. Alors, en 1481, le duc Philibert prit sous sa protection spéciale 34 familles d'Angrogne, qui avaient recouru à lui. Ce qui montre que, pour la Cour comme pour les vassaux, la religion n'était qu'un prétexte pour s'enrichir et pour limiter les droits les uns des autres. Mais Philibert mourait l'année suivante, laissant le trône à son frère Charles, hardi et bouillant, qui s'acquit en peu de temps le nom de Guerrier. Le temps des demi-mesures était passé.

Chapitre XIV.

La guerre de 1484 au Val Luserne.

Les seigneurs de Luserne recommencèrent à opprimer si lourdement leurs sujets que les Vaudois d'Angrogne, Villar et Bobi décidèrent de ne pouvoir laisser plus longtemps leurs familles à la merci des brigands qu'on ruait sur eux. Ils s'insurgèrent en 1483 et causèrent de grands dommages aux comtes, dont ils détruisirent plusieurs résidences. Les ordres de Charles I, qui prit fait et cause pour les nobles, n'obtinrent aucun effet, d'autant plus qu'il voulut se servir de l'Inquisition. Le jeune duc se crut alors appelé, en fils dévoué de S.te Mère Eglise, à extirper entièrement l'hérésie. Dès janvier 1484, il commença à prendre des mesures sérieuses, préparant de l'artillerie et convoquant les milices du Piémont à Pignerol pour le 10 avril.

Les relations des courtisans racontent que les Vaudois furent entièrement défaits, un grand nombre tué et le pays ravagé, le tout à la louange de Dieu et de la foi chrétienne. Mais le fait que, tout le long de l'année, le duc dut redemander de nouveaux hommes aux communes, et le résultat de la guerre, montrent que les choses allèrent bien autrement et donnent raison aux chroniqueurs vaudois, dont le récit se résume autour de deux noms, le Noir de Mondovì et Saquet.

Les troupes de Charles I comptaient 1800 soldats, outre de nombreux volontaires, alléchés par l'espoir du pillage. Les Vaudois, renonçant à défendre les riants coteaux de S. Jean, avaient pris position sur les rochers qui marquent les confins d'Angrogne. Ils s'étaient fait des boucliers et des cuirasses en écorce et combattaient avec des arcs ou des frondes un ennemi armé d'arquebuses et même de canons. Mais que ne peut qui combat pour les siens et pour une cause juste et sainte ? Les femmes et les enfants leur fournissaient les projectiles et recueillaient les blessés.

La présence de leurs familles animait les combattants à vaincre à tout prix, pour empêcher que ceux qui leur étaient si chers ne tombassent au pouvoir de la soldatesque.

C'est ainsi qu'était disposé le poste de Roccia Manéoud, plateau défendu par un rempart naturel de rochers.

L'ennemi gravissait péniblement les sentiers ensoleillés qui serpentent entre les vignes. Parvenu au pied des roches, il monta vivement à l'assaut. Les Vaudois résistèrent vaillamment, lançant de haut en bas des pierres et des dards. Mais déjà plus d'un, frappé de coups d'armes à feu, était tombé dans les bras des siens sans qu'on eût pu le remplacer, tandis que les assaillants, qui avaient l'avantage du nombre, se faufilaient le long des couloirs, à trois, à quatre, pour atteindre le bord du plateau.

Les vieillards et les invalides, placés à l'arrière, assistaient, pleins d'angoisse, à cette lutte inégale et, levant les yeux au ciel, ils s'écriaient : « O Dieu ! aide-nous ! » L'un des chefs, appelé le Noir de Mondovì, leur répondit par ce sarcasme cruel : « *I miei, i miei faranno la passada* », c'est à dire : « Mes soldats vont vous sonner le glas funèbre ». En prononçant ces mots, soit à cause de la chaleur, soit par bravade ou parce que, ayant atteint le haut des rochers, il croyait la bataille gagnée sur des gens si mal armés, il leva sa visière. Au même instant, un jeune homme d'Angrogne, Peyret Revel, le frappa au front. En voyant tomber, mortellement blessé, leur hardi champion, les milices ducales perdent courage. Les Vaudois les voient faiblir, puis tourner le dos, les poursuivent dans les sentiers qu'ils connaissaient bien et leur infligent des pertes cruelles.

N'ayant pu atteindre Angrogne par la hauteur, les

troupes envahirent, peu de jours après, le bas du vallon, se dirigeant vers le Pradutour. L'accès de ce refuge central des Vallées est défendu par l'immense rempart naturel de la Rochaille, qui descend d'abîme en abîme pour tomber enfin à pic dans le torrent.

Parvenus dans le défilé, les assaillants se disposaient à le franchir lorsqu'ils se trouvèrent enveloppés par un épais brouillard, phénomène assez fréquent dans ce vallon, très riche en cours d'eau. Se sentant isolés, puisqu'ils ne se voyaient plus les uns les autres, effrayés par cette obscurité soudaine que le mugissement du torrent rendait plus sinistre, ils étaient en même temps assaillis par les Vaudois, auxquels le brouillard permettait de s'approcher sans être vus. Saisis d'une terreur panique, les soldats ne tardèrent pas à se débander pour chercher à sortir de ce labyrinthe. Mais, surpris par les habitants dans les passages les plus étroits, ils se jetaient éperdus hors du sentier et glissaient sur les roches humides qui forment le lit encaissé de l'Angrogne.

C'est ce qui arriva, entre autres, au capitaine Saquet, de Polonghera, qui se vantait naguère, avec force blasphèmes, de mettre en pièces tous les Angrognins. Frappé d'un vireton d'arbalète, que lui lança un pauvre boiteux caché sur la rive opposée, il roula dans l'Angrogne qui l'entraîna dans un gouffre profond où le torrent se jette par une cascade pittoresque. On l'appelle encore aujourd'hui le *Toumpi Saquet*.

Un autre capitaine de l'armée, Geoffroi Varaglia, de Busca, s'enrichit du butin enlevé dans les communes inférieures ; mais son fils abandonna plus tard tous ces biens et devint ministre de l'Evangile dans cette même vallée.

L'année 1484 ayant passé en escarmouches, sans autres résultats que la dévastation d'une région fertile et de fortes dépenses pour le prince, Charles I, qui avait eu lieu de connaître les vraies raisons du conflit, envoya un évêque pour traiter de la paix avec les chefs.

des Vaudois, réunis à Prassuit d'Angrogne. Ce prélat les décida à envoyer dix députés au château de Pignerol, où le souverain les accueillit avec bonté. Il leur dit qu'on les avait calomniés et qu'on avait même voulu lui faire croire que leurs enfants naissaient avec des dents noires et un seul œil au front. Il agréa l'hommage et le don qu'ils lui présentèrent, confirma leurs privilèges et promit de ne plus les inquiéter à l'avenir.

Dans une transaction, signée en 1486, par devant le secrétaire ducal, avec leurs seigneurs, les Vaudois s'engagèrent à élever à leurs frais à S. Jean un monastère de Franciscains ; mais cela ne fut jamais fait, les comtes n'ayant pu se mettre d'accord avec les habitants de Luserne, qui voulaient le voir surgir dans leurs murs.

Charles I maintint sa promesse; mais ses successeurs recommencèrent à diriger contre les Vaudois, tantôt des troupes de passage, comme celles qui envahirent l'Italie avec Charles VIII, tantôt des inquisiteurs. Les fréquents changements de souverains et les évènements qui bouleversèrent alors l'Italie empêchèrent le retour d'une persécution durable ; cependant, le clergé obtint que les Vaudois ne pussent trafiquer dans les États du duc sans présenter une attestation d'un curé. Ces tracasseries amenèrent ceux que leur commerce obligeait à descendre dans la plaine, à assister quelquefois à la messe, en se bornant à murmurer en entrant dans l'église : « Caverne de brigands, Dieu te confonde ! » Ils continuaient, d'ailleurs, à se rendre en secret aux prêches des Barbes et, lorsque ceux-ci leur reprochaient leur dissimulation, ils s'excusaient sur la nécessité des circonstances, en formant le vœu que Dieu brisât bientôt le joug de Rome.

Tel était l'état des Vaudois du Piémont à la fin du Moyen-Age.

CHAPITRE XV.

Les Vaudois du Dauphiné et la croisade de 1488.

Depuis les sanglantes exécutions de Borelli, les Vaudois du Dauphiné n'avaient point connu de répit, surtout ceux du bassin de la Durance, en butte à la cruauté et à la rapacité des archevêques d'Embrun.

Avec l'année 1460 et le franciscain Jean Veyleti commence une nouvelle série de procès, dont les suites furent particulièrement tragiques.

Les procédés iniques et ruineux se multiplièrent tellement que les pauvres Vaudois recoururent à Louis XI. Ce roi, dont la mémoire reste chargée de plus d'un crime contre des grands, favorisait au contraire le peuple. Après enquête, il émana l'édit du 18 mai 1478, dans lequel il blâme ouvertement l'iniquité des juges et des inquisiteurs, il casse les procédures en cours et ordonne la restitution des biens confisqués, vrai mobile des usurpations du clergé.

On a dit que c'est par gratitude pour cette réparation que les Vaudois donnèrent le nom de Val Louise à la Val Pute; mais on trouve ce nom en usage au moins dès 1469.

Cependant les spoliateurs étaient trop puissants, le roi trop éloigné et distrait par les intérêts de sa politique tortueuse, pour que ce décret fût exécuté. Les procès recommencèrent: plusieurs Vaudois émigrèrent, d'autres furent brûlés vifs, entre autres les consuls de Freissinière, Roux et Giraud, qui avaient osé soutenir les intérêts de leurs administrés devant l'archevêque.

Le roi étant venu à Embrun, en 1481, put se persuader de la pureté de leurs mœurs; quant aux croyances, disait-il, si elles sont erronées, il faut les en convaincre par les prédications de missionnaires charitables, non point par les rigueurs.

Le roi parti, le prélat recommença à citer plusieurs Vaudois à son tribunal. Et comme, sûrs d'être condamnés, ils ne comparaissaient plus, il lança le mandement du 12 septembre 1486, par lequel il intimait à tous les hérétiques de son diocèse d'abjurer dans le terme d'un an.

Charles VIII, qui avait succédé en 1483 à Louis XI, accéda sans scrupules aux projets de l'archevêque Jean Baile, qui eut encore moins de peine à décider le pape, l'immonde Innocent VIII, à lancer la bulle du 27 avril 1487. Cette bulle nommait commissaire papal l'archidiacre Albert Cattanée, le chargeant de réduire par les armes les hérétiques du Dauphiné, s'ils n'obéissaient pas à l'intimation d'abjurer leurs erreurs. Dans ce but, il pouvait enrôler même les bannis et les repris de justice. Aux soldats de cette nouvelle croisade, Sa Sainteté, convaincue elle-même de nombreux crimes, promettait l'absolution de tous leurs péchés et une part des biens des hérétiques.

Cattanée entra en campagne en juillet 1487, encouragé par le Parlement de Grenoble, qui lui promit des secours et mit à sa disposition toutes les prisons de la province.

Le pape avait aussi écrit au duc de Savoie et à l'évêque de Mondovì qu'il espérait que son commissaire aurait une entière liberté d'action pour ramener au giron de l'église les Vaudois piémontais. Mais Charles I n'en tint aucun compte, soit qu'il voulût maintenir la parole donnée en 1485, soit parce qu'il était en état de guerre avec le marquis de Saluces.

Dans l'Embrunais même, il fallut attendre jusqu'en septembre l'échéance du terme fixé par l'archevêque. Le Val Cluson dépendait à la fois du prévôt d'Oulx et de l'évêque de Turin, dont les vicaires, sous divers prétextes, refusèrent d'intervenir. L'Inquisiteur Berra, jaloux de la nouvelle autorité créée par le pape, imita leur abstention.

Le 15 septembre, le Parlement ordonna aux troupes de marcher, sous les ordres de Hugues de la Palud. Il fallait pour cela la sanction royale, dont le retard, et la saison précoce, firent différer les opérations jusqu'au printemps.

Le 4 mars 1488, après publication de la sentence de mort et de confiscation des biens contre les rebelles, la Palud se mit en marche avec ses 8000 hommes. Quelques vieillards étant venus lui parler de soumission au nom des habitants de Pragela, le nonce papal les fit assister au supplice de deux prisonniers, qui préférèrent le bûcher à l'apostasie.

Le 7 mars, de Cesanne, il envoya des troupes contre 60 Vaudois de Pragela, cachés dans la *balme* de la Tronchée. Pris à l'improviste ils furent tous faits prisonniers sans aucune résistance.

La grotte du Fraïsse, dans le territoire d'Usseaux, abritait aussi plusieurs réfugiés, qui se défendirent en roulant sur les croisés des quartiers de roche, ce qui a été appelé l'artillerie des Vaudois. Cependant ils furent écrasés par le nombre et les derniers étouffés dans leur retraite au moyen de la fumée. Une vingtaine étaient morts dans l'action, six furent pendus, entre autres deux blessés et une femme âgée.

On découvrit des fuyards, beaucoup plus nombreux, retranchés dans la balme du Roudour, haut rocher qui domine l'*envers* de Fénestrelles et Mentoulles. Assaillis le 10 mars par trois à quatre cents croisés, ils les repoussèrent en roulant des pierres. Mais le lendemain, comme la Palud préparait une nouvelle attaque avec des machines de guerre, ils offrirent de se rendre. On vit alors défiler hors de la caverne 220 hommes et femmes qui, tête nue et les mains jointes, vinrent implorer grâce à genoux. Un plus grand nombre préféra franchir la montagne et se retirer au Val S. Martin.

Ceux qui s'étaient rendus furent tenus quelques jours captifs, puis libérés après une abjuration solennelle. Néanmoins, on envoya au supplice un des chefs, ainsi qu'une femme, parcequ'elle était la sœur d'un Barbe.

Il est superflu d'ajouter que tous les apostats ne fureut catholiques romains qu'aussi longtemps que les croisés restèrent dans la vallée.

C'est peut être pour ramener ceux qui s'étaient enfuis au Val S. Martin, et en même temps étouffer l'hérésie dans cette vallée, que 700 croisés, partis de Cesanne, gravirent le Col la Longio pour descendre sur Pral. Les habitants des Pommiers eurent à peine le temps de se cacher dans le bois du Jourdan. Les envahisseurs, se croyant déjà maîtres de la vallée, s'adonnèrent à piller, à manger et à boire, jusqu'à ce que les Pralins, revenus de leur épouvante, vinrent les surprendre. Les soldats, ivres et embarrassés par leur butin, furent tous égorgés. Seul l'enseigne échappa et réussit à se cacher dans une grotte que la fonte des neiges avait creusée sous une avalanche. Quand le froid et la faim l'eurent réduit aux abois, il se traîna jusqu'aux premières maisons demandant grâce ; et les Pralins, après l'avoir restauré, le laissèrent aller porter la nouvelle de la défaite de ses compagnons.

Le 20 mars 1488, la Palud repassa le Mont Genèvre et rentra à Briançon. Le 5 avril, samedi saint, il attaqua les Vaudois de Freissinière, retranchés dans leurs cavernes. Ils se défendirent avec résolution, mais le lendemain, jour de Pâques, ils se rendirent. Quatre hommes et deux femmes furent livrés aux flammes ; on relâcha les autres en leur enjoignant de porter une croix jaune sur la poitrine et une sur le dos, en signe de pénitence.

Les seize familles vaudoises de la Val Louise s'étaient retirées dans la Balme Chapelue, ainsi nommée à cause de la roche imposante qui surplombe, la recouvrant comme d'un chapeau.

Le 12 avril, après la messe, la Palud monta à l'assaut ; mais les Vaudois, qui avaient préparé des amas de pierres aux endroits propices, les renversèrent au bon moment et tuèrent de nombreux croisés, si bien que le commandant partit pour se procurer des échelles, des cordes et d'autres engins de guerre.

Mais, le lendemain, 28 catholiques de la vallée et 5 croisés gravirent le sommet du rocher, d'où ils se dévalèrent, par une corde de 135 mètres, sur la Balme, y pénétrèrent à l'improviste et massacrèrent tous ceux qu'ils y trouvèrent, hommes, femmes et enfants. Ceux qui leur échappèrent se précipitèrent dans les abîmes et périrent ainsi. Il ne survécut que huit ou neuf hommes, trois femmes et deux enfants. Le nombre des morts fut, paraît-il, de cent vingt.

Quelques habitants de la Val Louise avaient passé en Piémont ; d'autres, réfugiés avec ceux de l'Argentière dans la Balme d'Oréac, s'étaient rendus le 9 avril. Les catholiques du vallon ne permirent jamais qu'aucun d'eux ne rentrât dans ses propriétés, sauf abjuration.

Charles VIII ayant approuvé les opérations de la croisade, ecclésiastiques et laïques se jetèrent à l'envi, comme des oiseaux de proie, sur les plus belles propriétés de leurs victimes. Quand le trône de France eut passé à Louis XII, les Vaudois recoururent à ce roi, qui a été appelé le Père du Peuple et qui, à la suite d'une enquête, ordonna que ces biens fussent rendus. Mais la raison du plus fort finit par prévaloir. Les Vaudois, réduits à la misère, dépouillés de leurs riches fermes de S. Crépin, Chanteloube, S. Clément, chassés de la Val Louise, se renfermèrent dans le froid vallon de Freissinière, où leur postérité s'est perpétuée. Cependant plusieurs émigrèrent en Piémont, en Provence et dans les Pouilles.

Chapitre XVI.

Colonies des Vaudois des Alpes avant la Réformation.

Les vallées du Dauphiné et celles du Piémont servirent alternativement de refuge aux Vaudois persécutés et aux habitants de la plaine, tant d'Italie que de France, qui étaient recherchés pour leur foi. A cause de l'arrivée continuelle de nombreux immigrants et de la multiplication naturelle de ces vigoureux montagnards, le pays ne suffit bientôt plus à nourrir ses habitants, bien que les cultures fussent portées jusqu'à 2000 mètres d'altitude.

D'ailleurs le zèle de propagande faisait déverser leurs croyances, comme le liquide d'un vase trop plein, dans toutes les régions avoisinantes.

Du Val Luserne partirent les colons qui défrichèrent les *envers* de Paesana dans la haute vallée du Pô.

Du Grand Dublon, en val Pérouse, la foi vaudoise envahit le Taluc, aux sources de la Lemina, et lança quelques étincelles à Coazze, dans la vallée du Sangone, qui communique aussi, par plusieurs cols, avec la Pérouse et le Roure.

Des relations que les Vaudois de Fénestrelles et d'Usseaux établirent par les cols de l'Oursière et de la Fenêtre, naquirent les églises de Méane et Mattie, près de Suse, comme Pragela fut probablement la mère de celles de Chaumont, Exilles, Salbertrand, Oulx, Fenils, Bardonnèche et autres, jusqu'au Sauze de Cesanne.

Des émigrés vaudois repeuplèrent les Terres Neuves, ou la vallée de Barcelonnette, qui s'étend entre le Dauphiné, la Provence et le Marquisat de Saluces. On les retrouve en nombre à Jausiers, Meyronne, l'Arche, St. Paul. Toute cette vallée, où coule l'Ubaye, fut conquise en 1388 par le comte de Savoie sur la maison d'Anjou.

Mais les colonies les plus importantes, et peut-être

aussi les plus anciennes, furent celles de Provence, de Calabre et des Pouilles.

Il y eut des Vaudois en Provence dès les temps de la croisade contre les Albigeois, mais ce ne fut qu'au commencement du XVᵉ siècle qu'un premier groupe important vint en grossir le nombre. La guerre ayant désolé ces riantes contrées, le comte Louis II dut vendre la vallée d'Aigues et les flancs du Luberon aux seigneurs de Centallo, Roccasparvera et Demonte, en Piémont, qui y établirent des Vaudois en qualité de fermiers perpétuels. Le dépeuplement de la région était si grand que les Vaudois furent même admis dans le Comtat d'Avignon, domaine des papes.

Au commencement du XVIᵉ siècle, de nombreux colons vinrent des vallées du Piémont s'établir dans la vallée d'Aigues.

Bien qu'ils n'assistassent pas aux cérémonies du culte romain, leur ponctualité à payer les redevances aux seigneurs et les dîmes au clergé leur valut un siècle de tranquillité relative. Il est vrai que, sous René d'Anjou, plusieurs victimes périrent sur le bûcher et qu'en 1502 et 1514 les exactions de l'Inquisition en forcèrent plusieurs à émigrer dans les Pouilles. Mais ce ne fut qu'après qu'ils eurent adhéré à la Réformation que les massacreurs se ruèrent sureux.

On fait remonter plus haut l'origine des colonies de l'Italie méridionale. En 1339, deux jeunes Vaudois parlaient dans une auberge, à Turin, de la nécessité d'émigrer pour soulager les Vallées d'un excès de population. Un noble calabrais, qui se trouvait en Piémont à l'occasion du mariage de Jacques d'Achaïe, leur parla de terres fertiles qu'ils pourraient coloniser dans son pays.

Cette offre fut discutée aux Vallées et l'on finit par envoyer quelques personnes pour explorer le pays. Elles y trouvèrent de grasses campagnes et de riantes collines revêtues, selon l'altitude, d'oliviers, de vignes, de châtaigniers et de riches forêts.

A la suite de leur rapport favorable, un contrat fut stipulé et plusieurs familles, la plupart de jeunes mariés, s'y rendirent ; le voyage dura 25 jours.

La région qu'ils occupèrent se trouve au dessus de Fuscaldo, dans la province de Cosenza, et domine au levant la vallée du Crathis et au couchant la Mer Tyrrhénienne.

Leur premier établissement, dans un faubourg de Montalto, reçut des Calabrais le nom de *Borgo degli Oltramontani*, parce que les Vaudois étaient arrivés à travers les montagnes qui ferment ce bassin. Cinquante ans plus tard, ils passèrent à S. Sisto, qui devint leur chef-lieu, autour duquel surgirent Baccarizzo, Argentina, S. Vincenzo la Costa, le Rosse et d'autres bourgades.

Moyennant une redevance annuelle, ils pouvaient cultiver à leur gré leurs propriétés, se constituer en communes et les administrer eux-mêmes.

Les seigneurs des alentours, voyant prospérer les terres des Vaudois, cherchèrent à les attirer aussi dans leurs domaines. C'est ainsi que le baron Spinello les accueillit dans ses fiefs et leur accorda même une petite ville murée sur une éminence. Appelée alors Guardia Oltramontana, elle porte aujourd'hui le nom de Guardia Piemontese.

D'autres colons, venus surtout de Provence, fondèrent dans les Pouilles les congrégations de Celle, Faeto, la Motta, Montelione, Monteacuto et Castelluccio, dans la province de Foggia. Vers 1500, des fugitifs de Pragela, et des autres vallées ravagées par Cattanée, s'établirent à Vulturara, dans la Capitanata.

Ces colonies demeurèrent en relations constantes avec la mère-patrie, et leur prospérité spirituelle fut telle que, de 1370 jusqu'à la Réformation, ce fut dans leur sein que siégèrent les évêques vaudois et cathares.

CHAPÎTRE XVII.

Les Vaudois de la Vallée du Pô.

Les Vaudois furent probablement appelés dans la vallée du Pô par les seigneurs de Paesana, branche cadette des marquis de Saluces. Ils occupèrent, à l'envers de Paesana, deux coteaux parallèles, recouverts aujourd'hui de gras pâturages qu'arrosent copieusement les ruisseaux qui ont été dérivés de petits lacs, cachés dans la montagne.

Ils y organisèrent quatre quartiers : Crouès, Pravillelm, les Biolets et Biétoné, et passèrent aussi au Serre de Momian, quartier d'Oncin.

. Ils vécurent assez paisiblement jusqu'à la mort du marquis Louis II, dont la veuve, Marguerite de Foix, aussi bigote que libertine, entreprit d'extirper l'hérésie du Marquisat. Au contraire, ses cousins, les seigneurs de Paesana et d'Oncin, favorisaient les Vaudois comme étant des sujets laborieux, fidèles et de mœurs irrépréhensibles, et ils savaient bien qu'il ne leur serait pas facile de repeupler ces vallons reculés. Mais la marquise acheta les droits que l'évêque et l'inquisiteur s'attribuaient sur les biens des hérétiques. Alors, maîtresse des deux tiers, elle signifia aux comtes qu'elle les exemptait de leur tiers des frais, tout en leur laissant la jouissance du tiers des confiscations.

En novembre 1509, l'inquisiteur de Saluces monta à Paesana et proclama sur la place publique que les habitants des quartiers vaudois eussent à venir faire pénitence devant lui. Personne ne se présenta, mais, comme quelques-uns venaient parfois à la messe, il en fit arrêter deux : François Maria et Balanger Lanfré.

La marquise envoya 200 soldats avec ordre de fouiller toutes les maisons et d'en amener les habitants à Saluces.

Mais ceux-ci avaient pu se réfugier, avec leur bétail, à Barge, terre de Savoie. Leurs demeures furent saccagées.

L'inquisiteur, ayant réussi à se saisir de quelques hommes, les condamna à être brûlés vifs, le 25 mars 1510, à Crouès, devant la maison de l'un d'eux, Jacques Meynier. Les autres étaient Antoine Lanfré, François, Luquin et Guillaume Maria.

La neige et la pluie, qui tombèrent sur le bûcher, firent renvoyer le supplice au lendemain. Pendant la nuit, les captifs réussirent à s'évader et à traîner leurs chaînes jusqu'à Bosco Piano, où un ami les leur lima.

La rage de l'inquisiteur fut telle qu'il voulut quand même allumer le bûcher, où il fit monter trois prisonniers, auxquels il avait promis la vie sauve, en échange de leurs délations. D'autres, arrêtés plus tard, furent, paraît-il, marqués d'une croix au fer rouge et bannis.

Le 18 juillet fut démoli le bel édifice où avaient lieu les assemblées religieuses. Elle avait plusieurs issues secrètes, aussi un témoin oculaire la compare-t-il à un labyrinthe. La marquise et les comtes se partagèrent les propriétés.

Pendant ce temps, les malheureux propriétaires, retirés au Val Luserne, suppliaient en vain d'être réintégrés dans leurs biens. Ils décidèrent enfin d'y rentrer en armes. C'était en 1512. Commandés par l'un d'eux, armé d'une épée à deux tranchants, ils fondirent par les hauteurs sur leur vallon natal, tuèrent cinq hommes, qui n'eurent pas le temps de fuir, et une centaine de têtes de bétail appartenant aux usurpateurs.

Les catholiques de la vallée, terrorisés, supplièrent la Cour de Saluces de rétablir ces forcenés dans leurs propriétés. On obtint, on ne sait comment, l'absolution du pape et Marguerite remit les biens qu'elle détenait, au prix de 4400 ducats. Cette somme, bien supérieure à la valeur de ces terrains ravagés, n'ayant pu être versée à l'échéance, le 24 avril 1514, la marquise ordonna aux Vaudois de sortir de ses Etats dans trois jours, sous peine de mort. Mais ses propres courtisans blâmèrent cet acharnement et on décida que la somme serait payée en plusieurs termes.

Les comtes rendirent leur tiers à des conditions moins onéreuses, et ces malheureux montagnards purent enfin goûter un peu de liberté, au moment où Luther allait élever la bannière de la vérité et où le Marquisat de Saluces marchait rapidement vers la perte de son indépendance.

Chapitre XVIII.

Littérature Vaudoise au Moyen Age.

Les saccagements et les incendies que les Vallées Vaudoises ont dû subir n'ont pas effacé toute trace des anciens écrits des Vaudois. On peut encore consulter trois collections principales de ces manuscrits.

La première a été recueillie de 1602 à 1605, en vue de l'Histoire des Vaudois et des Albigeois, que le synode du Dauphiné avait chargé le pasteur Perrin d'écrire. Dans cet ouvrage, qui parut en 1618 et qui est la plus ancienne histoire vaudoise imprimée, Perrin en a publié de copieux extraits, mais non avec la fidélité que demandaient ces documents vénérables. Achetés ensuite au nom du docte Usher, archevêque de Dublin, ils sont conservés à la bibliothèque de l'université de cette ville.

Morland, que Cromwell envoya en 1655 pour intercéder en faveur des Vaudois, réunit aussi un certain nombre de pièces qu'il déposa à la bibliothèque universitaire de Cambridge.

La troisième série comprend ce que le modérateur Léger put retrouver, après les désastreux événements de 1655, et qu'il remit à la ville de Genève, la priant de conserver ce dépôt jusqu'à ce que des temps meilleurs permissent de le garder sûrement aux Vallées. Les temps meilleurs sont venus, mais les précieux volumes ne sont pas rentrés.

Des Bibles vaudoises se trouvent aux bibliothèques de Paris, Grenoble, Carpentras, Zurich. Celle de Strasbourg a été détruite dans un incendie, lors du bombardement de 1870. Celle de Lyon est probablement d'origine cathare.

Ces divers documents ont été l'objet des recherches de nombreux savants et ont provoqué des disputes concernant deux points principaux: l'âge et la langue de ces écrits.

Les différents dialectes des deux versants des Alpes Cottiennes se trouvent sur la ligne de démarcation des idiomes du Nord de la France, ou de la langue d'oïl, de ceux du Midi, ou de la langue d'oc, et de ceux d'Italie, ou de la *lingua del sì*. Le langage, dans lequel sont écrits ces manuscrits, est assez différent de ceux qui sont parlés aujourd'hui dans ces vallées ; néanmoins, il se rapproche plus de ces derniers que du français, du provençal et de l'italien. Les différences s'expliquent, soit par les modifications que toute langue subit dans le cours des siècles, soit par le fait que, pour être écrit, ce langage alpin a dû passer par d'importants changements dans le style et le vocabulaire. Les auteurs ont puisé dans des livres, surtout danr la Bible latine, les expressions qui leur manquaient.

Une preuve que cette langue, telle qu'elle est écrite, n'a jamais eu un caractère fixe, c'est que, sous la même plume, une même parole est orthographiée de deux, trois, voire quatre manières différentes.

En conclusion, la langue des manuscrits en question n'est autre que l'ancien dialecte des Vallées, qu'on a cherché à anoblir pour pouvoir exprimer les mystères de la foi. Les dialectes parlés aujourd'hui s'en sont, d'autre part, éloignés par l'infiltration croissante de formes et de mots français, piémontais et italiens. En dépit de tout cela, les paysans vaudois peuvent tous comprendre, sauf quelques expressions, les écrits des Barbes, s'ils leur sont lus avec la prononciation juste.

Les variétés dialectales, qui rappellent plus particulièrement la langue des manuscrits des Vaudois, sont celles des hauteurs du Villar et de Bobi, vers la frontière dauphinoise.

A l'égard de l'époque où ils ont été composés, on les divise en trois séries. Les plus anciens, qui remontent aux XIIIe et XIVe siècles, ne sont guère que des traductions d'ouvrages ascétiques, d'inspiration catholique. On a vu que Valdo ne se sépara pas de l'Eglise de Rome pour des raisons dogmatiques et que les croyances vaudoises ne s'affirmèrent que graduellement, par l'étude de la Bible.

Les ouvrages de la deuxième série, qui sont les meilleurs, appartiennent à la période de ferveur religieuse que provoquèrent, à la fin du XIVe siècle et au commencement du XVe, les persécutions de Borelli et de ses collègues.

Le poème, intitulé *la Nobla Leyczon*, mérite une mention spéciale pour sa valeur poétique et pour sa haute inspiration religieuse.

Les suivants lui sont inférieurs, bien qu'ils contiennent aussi quelques beautés. Ce sont: *lo Novel Sermon, lo Novel Confort, lo Despreczi del mont, la Barca, l'Avangeli de li 4 semencz* et *lo Payre Eternal*.

La dernière série se ressent, même dans les écrits qui ne sont pas de simples traductions, de l'influence des Hussites, qui finirent par englober dans leur mouvement les nombreux Vaudois de Bohême. On trouve des données précieuses sur l'état des congrégations vaudoises au sortir du Moyen Age dans l'épître *Al serenissimo princi Rey Lancelao*, adressée en 1498 à Ladislas le Clément, roi de Bohême, dans le traité *Ayczo es la causa del departiment de la gleysa Romana* et dans quelques lettres des Barbes.

CHAPITRE XIX.

Etat religieux des Vaudois
à la veille de la Réformation.

En 1497 et 1498 des frères de Bohême furent envoyés pour visiter les Vaudois d'Italie et de France. Ils se réjouirent de trouver dans les Alpes un fort noyau de fidèles, mais ils trouvèrent excessive la prudence qui les poussait à avoir leur culte en secret, et blâmèrent fortement la dissimulation de ceux qui prenaient quelque part aux cérémonies romaines pour sauvegarder leurs intérêts matériels. Ils trouvèrent aussi quelques Vaudois dans les villes qu'ils parcoururent, particulièrement à Florence et dans Rome même.

Un témoignage plus explicite est rendu à l'antique Eglise des Vallées par un de ses adversaires, le docte Claude de Seyssel. Ce gentilhomme savoyard, nouvellement élu archevêque de Turin, célébrait ses premières fonctions dans la cathédrale, le 24 juin 1517. Deux Vaudois du Val Cluson, qui s'y trouvèrent par hasard, tombèrent entre ses mains et abjurèrent la foi de leurs ancêtres. Le prélat vit dans ce fait un appel à évangéliser ces vallées qu'aucun de ses prédécesseurs n'avait visitées. Les habitants vinrent en foule au devant de lui et l'écoutèrent respectueusement : « car, dit-il, j'étais le premier qui eût su laisser de côté les vaines disputes pour ne m'appuyer que sur la Bible. En effet, ils sont plus intelligents que les catholiques, et ne croyent qu'à l'Evangile, qu'ils expliquent à la lettre, dédaignant l'interprétation officielle de l'Eglise. Ils sont aussi, la plupart, de mœurs plus pures que les autres chrétiens, et ils gardent leurs promesses de bonne foi ».

C'était le temps où Léon X, afin d'achever la grandiose Basilique de St. Pierre à Rome, offrait à prix d'argent le pardon des plus grands crimes. Ce marché effronté des indulgences, qui provoqua, deux mois plus tard, l'indignation de Luther et le commencement de la réformation, fut proposé par Seyssel aux Vaudois. Ils lui répondirent : « Nous n'avons que faire du pardon du pape ; Christ nous suffit ».

Bref, l'archevêque dut se convaincre qu'il ne pouvait battre en brèche les croyances évangéliques de ces montagnards et fit appel à l'Inquisition sans plus de fruit. Deux hommes plièrent, mais ils retournèrent à la foi de leurs pères dès que le régime de la terreur eut cessé. Seyssel raconta en latin cette visite et son récit parut à Paris en 1520.

D'autres sources dépeignent les Barbes comme les modèles de leurs troupeaux, donnant l'exemple des vertus qu'ils prêchaient, surtout de l'esprit d'abnégation et de sacrifice, que les persécutions mettaient à une rude épreuve. Bien que leurs chefs se trouvassent au midi de l'Italie, il existait au Pradutour, au fond du vallon d'Angrogne, une école pour préparer ceux qui se destinaient au ministère. La plupart de ces élèves étaient adultes. Ils allaient à l'école pendant trois ou quatre mois d'hiver, puis, à la fonte des neiges, ils reprenaient l'outil de l'agriculteur ou la houlette du berger. Durant trois ou quatre hivers ils faisaient de la Bible le principal objet de leurs études. Comme les exemplaires en étaient rares et que celui qui était trouvé en possession du précieux volume était condamné au feu, ils en apprenaient de longues portions par cœur. Ils en faisaient aussi des copies, pour leur usage et pour celui du peuple.

Il y eut même des cas d'enfants des deux sexes qui pouvaient réciter des livres entiers, de préférence les évangiles de Matthieu et de Jean, et les épîtres.

Les étudiants s'appliquaient aussi à apprendre les langues pour pouvoir annoncer la Parole de vie aux groupes vaudois de tous pays.

Comme St. Paul, ils pratiquaient un métier ou une

profession, afin de pouvoir gagner leur pain et avoir un accès plus facile dans les pays où ils ne trouveraient pas de frères en la foi. Parfois ils professaient la médecine; plus souvent ils étaient colporteurs on merciers ambulants.

Au terme de leurs études. les candidats passaient un an ou deux dans un hospice, régi par un Barbe en retraite, assisté de quelques sœurs âgées. Dans cet ermitage, ils s'adonnaient aux méditations solitaires en attendant de recevoir l'ordination.

Après leur consécration, ils étaient adjoints, comme *coadiutors*, à un Barbe plus âgé, ou *regidor*. Ainsi ils parcouraient, deux à deux, l'Italie, la France et l'Allemagne méridionale, confirmant les frères et évangélisant les catholiques romains. Ces voyages duraient en moyenne deux ans; puis un autre synode les envoyait dans une autre direction, sauf les vieillards, qui obtenaient une résidence fixe.

Ce ministère itinérant ne favorisait pas la vie conjugale, qu'ils croyaient, d'ailleurs, moins sainte que le célibat. Le Barbe Bellonat, qui vivait au commencement du XVIe siècle, fut le premier qui se maria.

Dans leurs séjours, les Barbes visitaient chaque famille, recevant la confession de tous les individus. Lorsqu'on pouvait avoir un culte en commun, les deux Barbes, en commençant par l'aîné, lisaient ou récitaient des passages de la Bible, auxquels ils ajoutaient de simples explications et des exhortations à persévérer jusqu'à la fin. Le chant sacré était réservé à l'usage privé, de peur qu'il ne trahît le secret des assemblées.

Ils n'administraient pas le baptême et reconnaissaient celui des prêtres. Ils n'avaient pas de temples, les autorités les en empêchant; au reste, ils croyaient que quelconque lieu était sanctifié par la présence du Créateur.

En temps de calme, ils se réunissaient souvent en pleine campagne. Dans les moments troublés, ils abritaient leur culte dans des grottes, telles que la Ghieisa de la tana, à Angrogne, et Rocca Ghiesa, à Rocheplate.

De nombreux restes de romanisme demeurèrent jusqu'à la Réformation mêlés aux doctrines vaudoises : le mérite des œuvres, la transsubstantation, à laquelle ils ne donnaient cependant pas la même valeur matérialiste, les pénitences qui suivaient la confession volontaire mais qui n'étaient pas suivies de l'absolution, le célibat, les cérémonies du baptême.

En revanche, ils rejetaient la valeur expiatoire de la messe, le purgatoire, les indulgences, le culte rendu à la Vierge et aux saints, la suprématie du pape et les autres nouveautés sans nombre inventées par le clergé romain. Ils considéraient la Bible comme la base unique et suffisante de leur foi. Avec ce principe, ils ne pouvaient qu'adhérer de tout cœur à la Réformation, qui allait changer la face de l'Europe.

Chapitre XX.

Etat de l'Eglise romaine aux Vallées au XVIe siècle.

Chacun sait que la corruption de l'Eglise romaine avait comblé la mesure à l'époque dont il s'agit. Elle avait à sa tête, et appelait du nom de Sainteté, des hommes comme Innocent VIII, dont l'impudicité était notoire ; comme Alexandre VI, Borgia, dont le nom suffit à évoquer l'idée des plus noires iniquités et des passions les plus infâmes ; comme Jules II et Léon X, belliqueux, protecteurs splendides des lettres et des arts, mais sans ombre de spiritualité. Léon, incrédule lui-même, chercha à étouffer la protestation de Luther, après l'avoir provoquée par ses imprudences, puis négligée aussi longtemps qu'il crut que les croyances et les mœurs étaient seules en jeu.

Si de tels personnages avaient pu parvenir jusqu'au trône papal, c'est que toute la hiérarchie ecclésiastique était composée de ministres de la religion qui violaient ouvertement et impunément les devoirs les plus élémentaires comme les plus sacrés. Avarice, simonie, adultère, violences de toute espèce, ignorance crasse, incrédulité avouée, tels étaient les caractères des représentants du catholicisme romain.

Les données qui suivent, de source romaine, prouvent que les ecclésiastiques des Vallées ne faisaient pas exception.

Le prieuré de St. Christophe, qui avait cure d'âmes pour Villar et Bobi, eut pour titulaire, pendant quarante ans, un Dom Pompée qui ne le visita pas une fois, tellement que les terrains finirent par être usurpés par les voisins et la chapelle réduite en écurie.

Le prieuré de S. Jean, jouissant de bonnes rentes, était généralement accaparé par un cadet de la maison de Luserne. En 1549, les catholiques de Luserne intentèrent un procès à leur prieur, Christophe Rorengo ; on y voit que l'immoralité de ce prêtre n'était ignorée de personne et que son laisser-aller dans l'accomplissement de ses fonctions était extrême.

Au prieuré même, il ne célébrait la messe que trois ou quatre fois dans l'année. C'était pire encore pour les chapelles de Luserne, Rora et Angrogne, dont il percevait les revenus, bien qu'il négligeât d'y envoyer ses vicaires pour l'administration des sacrements. Il est vrai qu'Angrogne, est-il dit, avait toujours refusé de contribuer aux frais du culte romain.

Le curé de Briquéras était excommunié parce qu'il n'y faisait pas sa résidence ; celui de Bubiane résidait à Carignan, celui de St. Second à Cavour. Celui de St. Barthélemi abandonna son poste pendant si longtemps que l'herbe croissait dans l'église, dont le toit s'était écroulé. Celui de la Pérouse vivait publiquement avec une veuve, au fils de laquelle il légua tous ses biens.

Voici ce qu'un capucin écrivait au sujet des vallées de Pérouse et de St. Martin :

« Les curés tenaient chez eux des concubines comme si elles avaient été leurs femmes et dont ils élevaient dans la cure même les nombreux enfants ; ils passaient leur temps en chasses, jeux etc. Quelques communes restaient jusqu'à quatre mois sans messe ; du prône on n'en parlait même pas : le salut des âmes était le moindre de leurs soucis.

« La cause de cette licence du clergé de ces vallées c'est qu'elles dépendent de l'abbé de Pignerol, qui réside à Rome, attendant la laine ; il laisse le soin des brebis au vicaire qui ne les visite non plus jamais. S'ils s'y rendent, ils ne pourvoient pas aux besoins des cures et, si quelque prêtre est en scandale, ils les excusent et les défendent. Les curés qu'ils y envoient sont ignorants : on en trouve qui ne savent pas lire la messe et d'autres qui, par leurs mauvais exemples, refroidissent les catholiques et éloignent les hérétiques désireux de se convertir.

« Les églises sont dans un tel état qu'on est horrifié en y entrant, snrtout lorsqu'on doit y célébrer les Divins Mystères. Et cela parce que, comme l'abbé retire 600 écus de rente de ces vallées, les fidèles voudraient qu'il fît aussi quelque chose. Elles ont l'aspect d'étables, par la négligence des prêtres, qui n'achètent pas même une aiguille ; pourvu que la marmite bouille, peu leur importe le reste ».

On peut en dire autant du Val Cluson où, par exemple, le curé d'Usseaux était seul à résider dans la vallée en 1526. Un prêtre écrit que, dans le diocèse d'Embrun, on avait de la peine à trouver un curé qui pût faire la plus simple allocution et réciter quelques prières en latin.

Ainsi les populations croupissaient dans l'ignorance, l'indifférence et l'incrédulité, sauf quelques âmes qui soupiraient après une réformation de l'Eglise.

CHAPITRE XXI.

Les Vaudois et la Réformation.

Peuples et souverains étaient désormais persuadés de la nécessité d'une réforme religieuse ; mais la plupart espéraient que le clergé donnerait l'exemple, en corrigeant les abus et en renonçant à ses privilèges injustes. Espérance vaine et illusoire !

Aussi, lorsque Zwingli et Luther eurent protesté contre la vente des indulgences, leur voix trouva-t-elle un écho, non seulement en Suisse et en Allemagne, mais dans toute la chrétienté.

Le Piémont, grâce à sa position, fut la région d'Italie où cet esprit rénovateur se fit sentir davantage.

Des ouvrages de Luther, de Mélanchthon et d'autres réformateurs, traduits en latin ou en italien, circulèrent parmi les personnes instruites. Le peuple connut les nouvelles doctrines, de la bouche des Barbes et de celle des Luthériens et Huguenots, nombreux dans les armées de Charles-Quint et de François I.

Naturellement prédisposés en faveur des nouveaux champions de la lutte séculaire contre Rome, les Vaudois résolurent de s'informer exactement, pour savoir s'ils devaient, ou non, se rapprocher des nouvelles églises qui surgissaient partout en Europe.

Un synode, tenu au Vallon du Laux, en Val Cluson, où 140 Barbes représentaient plus de 100.000 Vaudois épars en divers pays, délégua en Allemagne le jeune barbe Martin Gonin, assisté de Georges de Calabre; ils en rapportèrent les ouvrages de Luther. C'était en 1526.

Quatre ans plus tard, une enquête plus exacte fut confiée aux Barbes Georges Maurel et Pierre Masson. Ils étaient porteurs de lettres pour Oecolampade, Capiton, Bucer et Haller, réformateurs de Bâle, Strasbourg et

Berne, et d'un questionnaire portant sur plusieurs articles de foi et de discipline. Les plus importants concernaient le libre arbitre et la justification par la foi.

Comme ils traversaient la Bourgogne pour y visiter les fidèles, Masson, qui en était natif, fut reconnu et envoyé au supplice comme luthérien.

Morel reçut par écrit des réponses satisfaisantes et conféra encore avec Farel et Saulnier, à Neuchâtel et à Morat. Puis il regagna son église, en Provence, avec les documents. Il trouva les Vaudois de cette région tracassés par le Parlement d'Aix; mais ce leur fut un grand encouragement d'apprendre que des millions d'âmes en Europe étaient décidées à tout braver, au nom de la vérité.

On parla de convoquer un synode général pour décider la position que l'Eglise Vaudoise prendrait vis-à-vis de la Réformation. Comme les Barbes les plus âgés et influents étaient en Calabre et dans les Pouilles, cette assemblée solennelle ne put être convoquée que pour le 12 septembre 1532, à Angrogne.

Les Barbes Gonin et Guido passèrent les Alpes pour y inviter les réformateurs de Neuchâtel et du pays de Vaud avec lesquels, à cause de la communauté de langage, ils commençaient à avoir des relations plus suivies qu'avec ceux de langue allemande. Farel, Saulnier et Olivétan, cousin de Calvin, accompagnèrent les deux messagers.

Le synode se réunit sous les châtaigniers de Chanforan, près du Serre d'Angrogne. Il s'y trouva des Barbes de France, d'Italie et d'ailleurs encore, et le peuple y participa en grand nombre.

Après une discussion longue et obstinée, les articles proposés par les réformateurs furent tous adoptés. On destina 1500 écus d'or, équivalant à 60.000 francs, pour la divulgation de la Bible, dont Olivétan fut chargé de préparer une nouvelle traduction française.

La minorité conservatrice, qui voulait qu'on n'altérât en rien les traditions vaudoises, avait à sa tête deux ex-prêtres dauphinois. Aigris par leur défaite, ils partirent en emportant d'anciens documents de l'Eglise, comme si eux seuls représentaient désormais la foi vaudoise. S'étant rendus en Bohême, ils y racontèrent que les Vaudois avaient apostasié, séduits par des docteurs étrangers. Ils revinrent l'année suivante, munis d'une lettre des chrétiens de Bohême reprochant à leurs frères des Alpes leur infidélité. Un nouveau synode mit les choses au clair et confirma pleinement les décisions de Chanforan.

Olivétan acheva probablement aux Vallées sa traduction de la Bible, puisqu'il date sa préface « Des Alpes le 12 février 1535 ». Elle fut imprimée à Neuchâtel et, en septembre, les premiers exemplaires en furent portés aux Vallées, à travers mille dangers, par le traducteur, Saulnier et les frères de Farel. Le synode était de nouveau réuni à Chanforan.

Peu auparavant, le duc Charles III avait envoyé en Provence Pantaléon Bersour, seigneur de Rocheplate, pour assister aux procès qu'on y faisait subir aux Vaudois piémontais, établis dans ce pays. A l'aide des renseignements que la torture avait arrachés à ces malheureux, il dressa une liste des personnes qui professaient, aux Vallées, les doctrines réformées et, de retour en Piémont, il enrôla 500 soldats pour se saisir des hérétiques.

Pendant le synode, il partit de sa résidence, le Château du Loup, au bas de Prarustin, et monta à la Sea d'Angrogne, où il surprit les sentinelles vaudoises. Mais, pendant qu'il les emmenait, les habitants de Rocheplate l'attaquèrent et en délivrèrent une partie. Ayant appri par les autres la présence des étrangers à Angrogne, il les guetta au départ et saisit, près de Pignerol, Saulnier et deux jeunes Genevois qui l'accompagnaient.

Les seigneurs de Berne réclamèrent auprès du duc pour la libération de Saulnier, qui était devenu leur sujet, mais en vain. Il fut livré à l'Inquisition et son cas était désespéré lorsque Genève, par représailles, retint prisonnier un prêtre savoyard, audacieux et provocant. On parla alors d'échanger les captifs et Saulnier put recouvrer la liberté en avril 1536.

Cette même année le Barbe Louis le Vieux mourut dans les prisons de Grenoble.

Martin Gonin, vrai lien vivant entre les Vallées et la Suisse, retournait d'un de ces voyages lorsqu'il fut arrêté comme espion au col d'Orcière, près de Dormillouse. Ramené à Grenoble, il fut absous de cette inculpation ; mais on refit son procès comme luthérien quand le geôlier eut trouvé des lettres de Farel, Saulnier et autres, cousues dans la doublure de son habit. La Réforme comptant de nombreux adhérents dans la ville, Gonin fut étranglé en secret et jeté dans l'Isère. Il avait 36 ans.

En 1538 Olivétan mourait à Ferrare, après avoir osé passer quelque temps dans Rome même.

Malgré ces deuils, les croyances évangéliques gagnaient du terrain de jour en jour, des deux côtés des Alpes.

Chapitre XXII.

Les Vaudois de Provence.

L'origine des colonies vaudoises de Provence a été racontée plus haut.

La localité qui leur servit de chef-lieu fut Mérindól, ainsi nommée en souvenir de Mirandeul, ou Miradolo, châtellenie qui comprenait les communes actuelles de St. Second, Prarustin et Rocheplate.

Viennent ensuite Lourmarin, Cabrières d'Aigues, Cadenet, la Motte, Peypin ou Puypin, la Coste, St. Martin, la Tour d'Aigues, Villelaure. On y trouve aussi une métairie du nom de Luserne.

Dans le Comtat d'Avignon, bien qu'il fût gouverné par un légat du pape, les Vaudois occupèrent Cabrières du Comtat, et en partie Cavaillon, Oppède, Oppedette etc.

En 1522, sinon plutôt, la grande voix de la Réformation réveilla le zèle de ces communautés, que vinrent grossir de nombreux convertis du catholicisme.

En 1533, on comptait plus de six mille réformés en Provence, et en 1538 dix mille maisons vaudoises ou luthériennes, ayant leur centre dans la vallée d'Aigues, mais aussi en partie dispersées dans plus de cinquante villes et bourgs de Provence, du Comtat, et de la principauté d'Orange.

En 1545, non moins de vingt-trois Barbes vaudois y étaient à l'œuvre.

Le féroce inquisiteur Jean de Roma commença, en 1528, à rechercher les hérétiques, auxquels, au moyen de tortures inouïes, il arrachait les dépositions que lui-même dictait. Son moyen préféré était de chausser sa victime de bottes remplies de graisse, qne l'on plaçait ensuite au-dessus du feu, pendant cinq ou six heures. Chassé du Comtat en 1530 pour mauvaises mœurs, il put continuer ses atrocités en Provence jusqu'au commencement de 1533, alors que des patentes royales vinrent enfin arrêter ses opérations. Une enquête dévoila ses excès et son avarice; néanmoins, il ne lui fut imposé d'autre peine que de quitter le pays.

Si le roi était intervenu, c'était uniquement parce que de Roma ne pouvait produire aucun mandat officiel. Car, d'ailleurs, la Cour, le Parlement d'Aix, le pape et le clergé étaient d'accord pour martyriser les Vaudois et les dépouiller de leurs biens. Seulement, on tenait à montrer de suivre les voies légales.

Dès l'année 1531, évêques et magistrats avaient initié une série de procès, et ils rivalisaient de zèle pour emprisonner des Vaudois, les livrer aux flammes et confisquer leurs belles propriétés.

C'est en 1534 que le duc Charles III envoya Bersour, seigneur de Rocheplate, pour assister aux procès de ceux qui étaient sujets piémontais, tels que ceux de Antoine *Pasquet*, de S. Second, brûlé vif le 4 avril avec douze autres, de Pierre *Chalvet*, de Rocheplate, mort en prison, et de Jean *Bernard*, de S. Barthélemi, délivré moyennant rançon, pour cause de maladie.

C'est à cette même époque que périrent plusieurs Barbes et maîtres d'école vaudois.

Chaque famille était constamment en émoi pour la vie de chacun de ses membres, sans que personne pensât, néanmoins, à résister.

Cependant, en 1535, un huissier et six arquebusiers ayant arrêté, à la Roque d'Anthéron, plusieurs personnes, entre autres le Barbe Georges *Gautier*, les prisonniers furent délivrés par quarante ou cinquante Vaudois. Eustache *Marron*, de Cabrières du Comtat, en fit autant, aux environs de sa commune, à la tête d'une cinquantaine de jeunes gens.

Par représailles, sept Vaudois furent arrêtés, au cours d'une razzia; mais ils réussirent à s'enfuir, sauf Pierre *Rostang*, qui fut brûlé vif.

Les procédures furent ensuite suspendues jusqu'en 1537 par un édit du roi, qui donnait six mois de temps pour abjurer, et par l'invasion allemande en Provence; puis elles reprirent de plus belle, jusqu'à ce qu'un fait particulier vint hâter le dénouement fatal.

En 1540, le meunier Pellenc était brûlé vif, et le moulin du Plan d'Apt, bien achalandé, devenait la propriété du dénonciateur, le juge d'Apt. Outrés de cette nouvelle iniquité, quelques jeunes gens de Mérindol allèrent, de nuit, rompre e moulin. On en accusa dix-neuf personnes, plusieurs desquelles n'en pouvaient mais. N'ayant pu les arrêter, les ennemis des Vaudois obtinrent une sentence royale qui condamnait au feu et à la confiscation des biens les inculpés et leurs familles; en outre Mérindol devait être rasée au sol.

Un décret aussi féroce étonna tout le monde, et François I en suspendit l'exécution pour ouvrir une enquête. Elle fut très favorable aux habitants de Mérindol, auxquels on ne reprochait que d'être peu assidus à la messe.

Un autre sursis de six mois et d'autres lenteurs judiciaires nous amènent à la fin de 1544. Mais, le 1 janvier 1545, le clergé et le Parlement, altérés de sang et d'or, réussirent à faire passer sous la signature du roi, mêlé à des pièces sans importance, le décret renouvelé.

Afin qu'il ne fût pas révoqué, et aussi pour que les Vaudois ne se procurassent pas des moyens de défense, le décret fut tenu caché jusqu'à ce qu'on eut sous la main les troupes nécessaires pour l'entreprise satanique du 18 avril 1545 et des jours suivants.

Il serait trop long et trop écœurant de décrire le saccagement, les incendies, les infamies et les tortures dont ces journées furent les témoins, non seulement à Mérindol, mais dans tous les villages vaudois de la Provence et du Comtat.

Les réchappés du massacre furent poursuivis avec acharnement dans les forêts du Luberon, sans égard à l'âge ni au sexe. Plusieurs jeunes filles et femmes furent enlevées, et 600 hommes vendus pour ramer sur les galéres. Celui qui aurait abrité un Vaudois, une nuit seule, était menacé d'être traité comme eux. On compte 3000 massacrés, et 255 exécutés sur un simulacre de jugement.

C'est là l'hécatombe connue dans l'histoire sous le nom de Mérindol et Cabrières, mais dans laquelle furent aussi enveloppées Lourmarin, Cadenet, Peypin, la Motte, la Coste, Cabrières du Comtat, Oppède etc., en tout vingt-cinq villages.

Quelques fuyards purent se réfugier en Piémont, d'autres à Genève où ils furent maintenus aux frais du public et occupés à fortifier les bastions de la ville.

Un cri d'horreur s'éleva dans toute l'Europe protestante quand ces atrocités furent connues. Pendant ce temps, en Provence, nobles et ecclésiastiques, soldats et paysans, s'enrichissaient à l'envi des dépouilles des victimes.

Une noble dame ayant porté querelle pour la destruction d'une métairie lui appartenant, on initia, en 1549, un procès au cours duquel on dévoila le tort qui avait été fait à la réputation de Sa Majesté. Les atrocités qui avaient été commises furent prouvées par des témoignages publics; mais l'obtention de la signature royale avait été ménagée avec une telle prudence jésuitique ou, plutôt, les coupables étaient si haut placés, que ce procès, qui avait excité l'intérêt de l'Europe entière, finit, le 17 mars 1550, par une scandaleuse absolution.

Le principal accusé, celui qui avait organisé et dirigé le massacre de quatre mille innocents, était Jean Menier, seigneur d'Oppède, le traducteur des *Triomphes de Pétrarque*. Il rentra acclamé en Provence, où le clergé avait fait des prières publiques pour la conservation de ce champion de la foi. Le pape Paul IV le nomma plus tard chevalier de S. Jean de Latran.

Cependant, après la sentence de Paris, les exilés purent rentrer dans leurs campagnes désolées, et les églises de Provence ne tardèrent pas à redevenir nombreuses et prospères.

Elles subirent un autre massacre impitoyable en 1562. Depuis cette date, elles entrent dans le corps des églises réformées de France et n'ont plus une histoire particulière, comme églises vaudoises.

La Révocation de l'Edit de Nantes, en 1685, y provoqua l'émigration de plusieurs familles, qui se dispersèrent dans maintes contrées, en particulier au Cap de Bonne Espérance, d'où, mélangées aux Boers d'origine hollandaise, elles s'étendirent dans l'Orange et le Transvaal. Rappelons, entre autres, les Meynard, Gardiol, Joubert, Malan, Roux ; ces trois derniers noms ont reçu un nouveau lustre par les vaillants généraux qui ont dirigé la guerre contre les Anglais.

Aujourd'hui on trouve encore, en Provence, les églises de Lourmarin, consistoriale, Mérindol, Cabrières d'Aigues, Peypin avec S. Martin et Pertuis, la Motte, la Coste, les Gros et la Roque d'Anthéron, dont les familles portent les noms des martyrs du XVIe siècle. Elles forment un groupe de 6000 âmes.

Chapitre XXIII.

Les Vallées Vaudoises

pendant l'occupation française (1536-1559).

La charge donnée à Bersour, d'emprisonner autant de Vaudois qu'il pourrait, aurait pu être pour eux la source de maux incalculables si les troupes françaises n'avaient, en 1536, dépouillé Charles III de tous ses Etats, sauf Nice, Coni, Verceil, la vallée d'Aoste et la Tarentaise.

Soit dans le but d'abattre les fortifications, soit pour nuire aux nobles, qui s'étaient enfuis, les Français firent démolir les châteaux seigneuriaux. Les populations s'y prêtèrent d'autant plus volontiers qu'elles avaient eu davantage à souffrir de l'oppression de leurs seigneurs. Les principaux manoirs qui furent détruits étaient ceux du Perrier, de Luserne et de la Tour.

C'est ainsi que disparut la forte *tour* des Rorengo, dont le nom est resté au chef-lieu actuel des Vallées. On rasa aussi le vieux bourg, ceint de murailles, qui entourait le château de la Tour.

Le gouvernement des Vallées sous la domination française fut, plus d'une fois, confié à des protestants étrangers. L'un d'eux, le comte de Furstemberg, avait à son service un des frères de Guillaume Farel.

C'est à cette époque que la Réforme s'établit fermement aux Vallées, et que presque tous les habitants l'embrassèrent, y compris les anciens catholiques. Plusieurs édifices du culte romain, la plupart propriétés communales, furent abattus.

Un jour de fête, le frère de Farel, s'étant porté à Angrogne, entra dans l'église comme le curé venait de quitter la chaire; il y monta, et harangua l'auditoire.

Cette population, qui, on l'a vu, était peu affectionnée
au papisme, se donna alors ouvertement à la Réforme.
Le curé parti, l'église fut démolie et, pendant plus d'un
siècle, le culte romain ne fut plus rétabli dans cette
commune.

Au reste, l'état des Vallées, pendant cette période
assez obscure et pauvre de documents, peut se résumer
en ces quelques lignes :

Les Vaudois jouissaient d'une assez grande liberté
de conscience, soit parce qu'ils avaient pour eux une
partie des autorités, soit parce que les Français, que la
guerre occupait, se mêlaient peu des affaires de la religion, soit aussi parce qu'il ne convenait pas au nouveau
gouvernement d'irriter les populations récemment conquises.

Pour les mêmes raisons, les croyances luthériennes
comme on les appelait encore, prirent un essor puissant
dans le reste du Piémont.

Turin eut, en même temps, deux églises réformées,
une de langue italienne, l'autre de langue française. Les
réformés étaient si nombreux à Chieri qu'on l'appelait
une petite Genève. Carignan eut aussi ses assemblées
religieuses.

La mort du dernier marquis de Saluces, en 1548, et
celle de Charles III de Savoie, en 1553, rendirent la
conquête française plus sûre. Le nouveau pape, Paul IV
(1555-1559), qui avait redonné à l'Inquisition son ancienne
vigueur, s'en servit pour recommencer une lutte acharnée
contre le protestantisme.

Pendant ce temps, comme les Barbes vaudois ne
suffisaient plus aux besoins religieux de tant de milliers
d'âmes, ils obtinrent le concours de nombreux réfugiés
italiens et français, en grande partie des ex-prêtres ou
ex-moines, qui avaient puisé, dans un séjour à Genève,
l'énergie indomptable de Calvin.

Le dernier Barbe, qui put achever son tour d'Italie,
fut Gille des Gilles. A son retour, il amena de la Suisse

un réfugié champenois qui s'était déjà signalé dans le Pays de Montbéliard, Etienne Noël, de Troyes. Les églises particulières avaient commencé à s'organiser aux Vallées ; Gilles fut placé au Villar, Noël à Angrogne, qui était l'église la plus importante. On y voyait accourir, altérés de vérité, les habitants du Val Pérouse, que les moines de l'Abbaye empêchaient d'avoir le culte public dans leur vallée, ainsi que de nombreux fidèles, qui montaient des plaines du Piémont.

En 1550, l'inquisiteur Giacomelli intima aux Angrognins de se rendre à Turin, pour lui répondre au sujet de leurs croyances. Ils y envoyèrent des députés chargés de promettre qu'ils voulaient tous vivre chrétiennement et selon la Parole de Dieu. L'Inquisiteur n'était pas satisfait ; d'autre part, que pouvait-il leur objecter ? L'affaire traîna en longueur et fut ensuite laissée en suspens quand la guerre se ralluma.

Pour ne pas provoquer de nouvelles rigueurs, les Vaudois résolurent de tenir leurs assemblées moins ouvertement ; mais l'affluence des auditeurs continuait à être si grande qu'on ne trouvait point de local assez vaste pour les contenir.

A la Ruà de la Ghieisa, chef-lieu d'Angrogne, on se réunissait dans une grande cour, environnée de galeries. Un dimanche (c'était aux premiers jours d'août 1555) plusieurs personnes, qui n'avaient pu trouver place dans cette enceinte où parlait le ministre, se portèrent, tout près de là, dans le pré communal, où le régent, le provençal Jean de Broc, leur annonça l'Evangile afin que tant d'âmes ne se fussent pas assemblées en vain. Ce fut la première prédication publique, mais ça ne tarda pas à devenir la règle.

On se mit à élever, dans ce même pré, un abri capable de mettre les assemblées à couvert par le mauvais temps. Ce fut le premier temple vaudois, et c'est sur son emplacement que l'on voit encore aujourd'hui celui d'Angrogne.

Avant la fin de l'année, on commença à en bâtir un deuxième, sur le revers occidental du coteau du Serre; les réformés de St. Jean construisirent le Chabas, et ceux de la Tour le temple des Copiers.

Dans d'autres communes, dont la population avait tout entière embrassé la Réforme, on continua à se réunir dans les églises catholiques, qui étaient d'ailleurs des propriétés communales, et qu'on avait simplement dépouillées de ce qui rappelait l'idolâtrie romaine. Il semble qu'il en fut ainsi pour Bobi, le Villar et Rora, où le culte public commença en mars 1556.

Les temples de la vallée de S. Martin furent érigés en 1556; ceux de la vallée de Pérouse quelques mois plus tard.

Ces nouveautés réveillèrent le fanatisme du clergé et du Parlement de Turin, qui mit tout en œuvre pour enrayer les progrès de la Réformation. Comme fruit de ces efforts on voit s'ouvrir une nouvelle série de martyrs.

C'est en 1555 que Calvin avait envoyé aux Vallées Jean Vernou, qui avait déjà montré son zèle dans le Poitou, sa patrie. Il prêcha à Balbouté et Fénestrelles, en Val Cluson; puis poursuivit sa route avec une escorte de Vaudois « bien embastonnés », écrit-il, parce que, devant traverser le Val Pérouse, on avait à craindre les sbires de l'Abbaye.

Le spectacle des foules qui, à Angrogne et ailleurs, se pressaient autour de lui pour entendre parler du salut, le décida à se donner tout entier à ce nouveau champ de travail. Dans ce but, il repartit pour Genève afin de se pourvoir de ce qui lui manquait; il ne tarda pas à reprendre la route du Piémont avec quatre autres réfugiés français. Mais ils furent arrêtés en Savoie, et brûlés vifs à Chambéry à la fin d'août 1555.

Barthélemi Hector, poitevin lui aussi, avait assumé la tâche plus humble, mais non moins importante, de répandre dans les Vallées les livres de piété, qui étaient recherchés avidement. Un jour, venant des hauteurs d'Angrogne, il descendait vers Las Arà et Riclaret lorsqu'il fut arrêté par les Truchets, tyranniques seigneurs de cette commune. Conduit à Turin, il répondit victorieusement à de nombreux interrogatoires et fut enfin brûlé vif, sur la Place Château, au mois de juin 1556.

Pendant qu'Hector était en prison, le Parlement avait envoyé deux de ses membres, Della Chiesa et St. Julien, pour prendre des informations au sujet des innovations introduites aux Vallées, et pour interroger les autorités touchant leurs intentions. Il leur fut partout répondu qu'on obéirait en tout ce qui serait trouvé conforme à la Parole de Dieu. Alors ils publièrent la défense expresse d'écouter d'autres prédicateurs que ceux qui seraient envoyés par l'archevêque. Les Vaudois répondirent par une confession de foi, qui fut envoyée à Paris pour être examinée par la Sorbonne. Cela leur valut une autre année de répit.

Mais, si on était en paix dans les Vallées, il suffisait d'en franchir les abords pour tomber dans les pièges tendus par l'Inquisition. Nous ne rappellerons plus qu'une seule de ces nombreuses victimes, Geoffroi Varaglia.

Né à Busca en 1508, il était le fils d'un des chefs de la guerre que le duc avait faite aux Vaudois en 1484. En 1520 il s'enrôla parmi les franciscains, récemment réformés, qui prirent le nom de capucins. Il s'y signala si bien qu'on le comprit dans une mission de douze moines, envoyés pour combattre, dans toute l'Italie, les doctrines protestantes. Mais il arriva qu'en étudiant les ouvrages des réformateurs, qu'ils voulaient réfuter, ces capucins se persuadèrent qu'ils combattaient contre la vérité. Leur prédication ne tarda pas à laisser transpirer ce changement dans leurs croyances et on les rappela à Rome, où ils furent tenus, pendant cinq ans, sous une étroite surveillance.

En 1556, Varaglia fut mis à la suite du légat du pape, qui se rendait à Paris; mais, à peine l'occasion se présenta, il s'enfuit à Genève, où il se donna avec ardeur aux études théologiques. Peu de temps après il était reconnu ministre de l'Evangile.

Les Vaudois de St. Jean demandaient, précisément alors, à Calvin de leur envoyer un pasteur qui pût prêcher en italien. Varaglia se rendit à leur prière et, pendant quelques mois, il travailla avec zèle à St. Jean et Angrogne, à Bubiane, Fenil et Campillon, prêchant quatre fois par semaine.

Le gouverneur de Dronero, dans la vallée de la Maira, l'ayant invité à aller exposer dans cette ville les doctrines réformées, Varaglia profita de cette excursion pour visiter les nombreux fidèles de Busca et des environs. Mais, au retour, il fut arrêté à Barge, le 17 novembre 1557 et gardé, sur sa parole, dans une maison privée. Aussi refusa-t-il l'offre que ses paroissiens de Bubiane lui firent, de l'enlever. Conduit à Turin pour être examiné, il y affronta courageusement le supplice du feu, le 29 mars 1558. Il était âgé de cinquante ans.

Cependant, les docteurs de la Sorbonne avaient prononcé que la confession de foi des Vaudois était hérétique et, dès le mois de mars 1557, le Parlement avait cité à comparaître à Turin les ministres, les maîtres d'école et les syndics des Vallées. Mais l'intervention des princes protestants d'Allemagne, alliés de la France, fit suspendre les procès et procura une certaine liberté de conscience en Piémont, pendant les deux dernières années de l'occupation française.

En 1559, on y comptait trente ministres et quarante mille réformés.

C'est dans cette même année que furent organisées les églises du Queyras : Abriès et Aiguilles, Molines et St. Véran, le Château et Arvieu.

Chapitre XXIV.

Les Vallées rentrent sous la domination du duc de Savoie.

Nouvelles persécutions (1559-1560).

Après plus de vingt-trois ans de guerre, le 3 avril 1559, fut signée la paix de Cateau-Cambrésis entre la France et l'Espagne, avec la participation du duc de Savoie. Chacun des belligérants devait rentrer en possession des pays qu'il occupait avant le commencement des hostilités.

Le roi de France fut donc obligé de restituer au duc la Savoie et le Piémont; mais il garda encore jusqu'en 1562 Turin, Chieri, Chivas et Villeneuve d'Asti. Pignerol et la vallée de Pérouse ne furent évacuées qu'en 1574.

Par un article secret, les trois souverains s'engageaient à faire tous leurs efforts pour extirper la Réforme dans leurs Etats respectifs. Aussi vit-on se déployer partout les rigueurs de l'Inquisition et provoquer le soulèvement des Pays Bas, les guerres civiles de France, les massacres de Calabre et la guerre contre les Vallées.

Emmanuel Philibert s'arrêta quelque temps à Paris, où il épousa Marguerite de France, qui devint la protectrice des Vaudois. Le couple auguste avait à peine mis le pied dans ses domaines quand le duc promulgua, de Nice, l'édit du 15 février 1560, par lequel il était défendu de se porter en Val Luserne ou ailleurs, pour ouïr les prêches réformés, sous peine de cent écus pour la première fois et de la galère à vie pour la deuxième.

D'autres dispositions, de plus en plus sévères, suivirent de près ces édits. Quatre commissaires furent chargés de son exécution : c'étaient Philippe de Raconis,

6

cousin du duc, Georges Costa, comte de la Trinité, l'inquisiteur Giacomelli et le sénateur Curbis.

Les inculpés avaient trois jours de temps pour abjurer, après quoi ils étaient brûlés vifs. Mais leur constance au sein des tourments impressionna si fort Curbis qu'il se retira ; et Philippe de Raconis, appuyé par la duchesse, fit tous ses efforts pour arrêter la sanglante besogne de ses collègues.

La répression commença dans les communautés réformées éparses dans la plaine du Piémont. Turin et Chieri étant encore occupées par les Français, le tribunal de sang se porta à Carignan, où plusieurs familles, voire même des principales, étaient *de la religion*, comme on disait. Pour ne pas exciter de tumulte, on commença par emprisonner un Français, Mathurin, qui avait épousé une jeune fille de Carignan. Jeanne, sa femme, craignant que la foi de son mari ne faiblît à l'aspect du bûcher, obtint de le visiter en assurant qu'elle voulait lui parler pour son bien. Les juges ne doutèrent pas qu'elle l'induirait à sauver sa vie ; lorsqu'ils virent qu'elle l'exhortait, au contraire, à persévérer, ils la menacèrent, elle aussi, du feu dans les trois jours. « La date n'y fait rien », leur répondit-elle, et elle obtint la faveur de mourir avec son époux, le 2 mars 1560.

Il n'y eut qu'un autre supplice à Carignan, dont les réformés avaient abjuré ou avaient fui à Turin et Chieri.

Il en fut de même de ceux d'autres villes, en particulier de Vigon où les commissaires n'eurent qu'à procéder à la confiscation des biens. Les principaux réformés de Vigon étaient Claude Cot et les nobles della Riva, réfugiés au Val Luserne, d'où ces derniers se portèrent à Genève.

Après ces exploits, les commissaires, accompagnés d'une escorte de soldats, fondirent à l'improviste sur les Vaudois de Meana et Mattie. Ils y firent de nombreux prisonniers, qui furent condamnés aux galères et à la confiscation des biens ; le ministre fut brûlé vif à Suse.

Une aggression du même genre eut lieu contre les Vaudois de la vallée de Barcelonnette, domaine ducal dans la Haute Provence. Plusieurs furent traînés aux galères, d'autres faiblirent dans la foi ; mais la plupart réussirent à franchir, à travers les neiges, le Col de Vars et à se retirer à Freissinière.

Les Vaudois des Vallées voyaient ainsi le cercle de feu se resserrer toujours plus autour d'eux. Ne pouvant avoir accès auprès du duc, ils supplièrent la duchesse d'intervenir. Mais ses efforts n'eurent pas plus de succès que ceux de Charles de Luserne, seigneur d'Angrogne, et apparenté avec la maison de Savoie.

Charles fut le seul des seigneurs des Vallées qui tentât de détourner l'orage qui menaçait leurs sujets. Ses consorts du Val Luserne, tout au contraire, avaient adressé au duc une supplique pour lui dire qu'ils ne suffisaient pas pour réprimer l'hérésie, et qu'il était nécessaire de recourir aux armes. Le plus acharné de tous, Guillaume Rorengo, entreprit de dresser la liste des réformés de la plaine qui montaient au Chabas, comptant, d'après l'édit, sur la moitié des amendes, promise au dénonciateur. Mais il n'en retira que du déshonneur, lors de l'amnistie qui accompagna la signature de la paix.

La vallée de St. Martin était surtout tracassée par les frères Charles et Boniface Truchets, les auteurs de l'arrestation de Barthélemi Hector. Accompagnés de bandes armées, ils parcouraient Fayé et Riclaret, et renfermaient le fruit de leurs rapines dans leur château, dont les ruines, près du Perrier, portent aujourd'hui le nom de Palaïsas.

Un dimanche, au printemps de 1559, ils tentèrent de s'emparer du ministre de Riclaret dans le temple même, au Serre de Marcou. Ils s'étaient fait précéder par quelques hommes de leur troupe, qui, par une dévotion feinte, s'étaient assis au pied de la chaire. Le comte Charles devait survenir quand le culte serait fini et que la plupart des auditeurs auraient repris le chemin de leurs demeures. Mais ceux qui restaient auprès du ministre, bien que désarmés, se jetèrent sur ces bandits et les mirent en fuite. Un robuste jeune homme accula le seigneur contre un arbre; on le relâcha, en sa qualité de gentilhomme, mais en l'assurant qu'en cas de récidive il ne s'en tirerait pas à si bon marché.

Charles Truchet se porta alors à Nice et, se plaignant au duc des violences de ses sujets rebelles, il obtint de rebâtir le fort du Perrier et d'y tenir une garnison de cent hommes. Avec cette bande, il assaillit Riclaret, à l'aube du 2 avril 1560, saccageant les hameaux inférieurs dont il massacra les habitants. Les autres n'évitèrent un sort semblable qu'en s'enfuyant, à demi nus, sur les hauteurs. Là-haut, sans vivres, entourés de neiges, ils souffraient le froid et la faim, pendant que, sous leurs yeux, les brigands faisaient bonne chère dans leurs demeures. Un ministre, à peine revenu de Calabre, qui voulut les visiter pour leur apporter quelque consolation, fut pris et brûlé vif à l'Abbaye.

Ces misérables réfugiés n'attendaient plus que la mort lorsque, la troisième nuit, survint, avec quatre cents Valclusonnois, le ministre de Pragela, Martin Tachard, le même qui se signala plus tard à Montauban. Malgré leur marche forcée de toute la nuit, ils montèrent d'abord à l'assaut et les pillards, après quelque résistance, se débandèrent. Charles Truchet échappa, quoiqu'il fût suivi de bien près.

Il retourna à Nice, accusant les Vaudois d'avoir introduit dans l'Etat des troupes étrangères, et reçut de nouveaux pouvoirs pour dompter la rébellion. Mais, comme il faisait une tournée de plaisir avec son frère, le bateau qui les portait fut pris par les pirates; lorsqu'ils purent payer leur rançon et rentrer aux Vallées, la guerre avait déjà éclaté et ils y prirent une part active.

Les moines de l'Abbaye avaient recueilli dans leur couvent trois cents hommes d'armes, pour tracasser les réformés de la vallée de Pérouse, dont ils étaient les seigneurs. Les Angrognins descendirent plus d'une fois au secours de leurs frères, bien que la vallée de Pérouse fût encore française ; mais ils ne purent empêcher qu'il n'y eût des pillages, des emprisonnements et des supplices, entre autres celui de messire Jehan, réfugié français et pasteur de St. Germain.

La guerre, faite au nom du duc, vint rejeter dans l'ombre ces persécutions locales.

Chapitre XXV.

La guerre du comte de la Trinité.
Premiers faits d'armes (1560).

En avril 1560, quand les commissaires eurent achevé de disperser les groupes de fidèles, isolés hors des Vallées, ils se rendirent au Val Luserne et enjoignirent aux habitants d'expulser tous les ministres. Les Vaudois répondirent que les pasteurs leur étaient nécessaires pour leurs besoins religieux ; en même temps ils présentèrent leur confession de foi.

Le pape insistait pour qu'on agît par la voie des armes, mais le duc voulut d'abord envoyer aux Vallées un prédicateur influent. Le jésuite Antoine Possevino prêcha dans plusieurs communes, il eut des disputes publiques avec les ministres, puis, voyant que ses efforts demeuraient infructueux, il déclara, à son tour, qu'il n'y avait qu'à recourir à la force.

Le 13 octobre, le comte de la Trinité reçut la charge de capitaine général de l'expédition. Il avait la renommée d'un homme impitoyable et sans scrupules, ayant saccagé cruellement Saluces, malgré la promesse qu'il avait faite de respecter vies et biens.

Il ramassa quatre mille hommes et, le 1 novembre, il vint camper à Bubiane.

Les Vaudois, de leur côté, se disposaient à défendre leurs familles avec leurs faibles moyens. Comme en 1484, renonçant à défendre St. Jean, ils avaient placé des corps de garde sur les confins d'Angrogne. L'armée les assaillit le 2. Les Angrognins, au nombre d'une centaine, tout en reculant lentement, firent une si belle défense que, à la nuit, les assaillants se retirèrent, incendiant les maisons de la *costière*, et vinrent à la Tour.

Les catholiques, qui étaient en majorité dans ce bourg, se réjouissaient de l'arrivée des exterminateurs des Barbets, comme ils disaient. Mais la licence de la soldatesque amena ceux d'entre eux qui le purent à confier leurs femmes et filles à ces mêmes Vaudois retirés sur les montagnes et dont ils désiraient naguère l'extermination.

Le château de la Tour fut restauré et reçut garnison ; il en fut de même de ceux du Villar, de la Pérouse et du Perrier.

Les Vaudois, pour être plus forts, renouvelèrent leur alliance séculaire avec les Valclusonnois, tandis que le comte essayait de rompre artificieusement leur union pour les écraser séparément. Le 3 novembre, il envoya proposer un accord à Angrogne ; pendant ce temps il organisait deux colonnes qui, le matin du 4, assaillirent le Taillaré et le Villar. L'une et l'autre purent être repoussées.

Angrogne avait envoyé quatre députés, qui reçurent du comte un accueil si gracieux qu'ils se retirèrent, persuadés de sa sincérité. Ayant obtenu, par ce moyen, de relâcher leur vigilance, il fit monter ses hommes sur la Séa de la Tour pour descendre par Barfé sur le Pradutour. Mais la fumée des incendies, qui marquaient le passage des soldats, dévoila la trahison et les Angrognins purent accourir à temps pour défendre leur territoire.

Néanmoins, comme ils voulaient s'en tenir à une guerre purement défensive, ils permirent au comte de visiter leur retraite centrale, le Pradutour. La Trinité s'y rendit, le 10 novembre, avec deux cents arquebusiers et 50 chevaux.

Il les induisit ensuite à envoyer à Verceil, où se tenait le duc, trentequatre députés, deux par commune. Arrivés à la Cour et menacés de terribles châtiments comme rebelles, ils abjurèrent publiquement et promirent tout ce qu'on exigea d'eux. Mais le gouvernement était tellement convaincu que les Vallées n'auraient pas ratifié leur soumission que les députés furent retenus comme otages.

Abusant de l'absence de ces chefs, et de la crainte que les Vaudois avaient de les perdre s'ils résistaient, le perfide commandant imposa aux habitants de la Tour et du Villar de lui remettre leurs armes. Ceux qui étaient exposés à ses coups de main obéirent; les autres s'assemblèrent aux Bonnets pour en délibérer. Mais ils durent suspendre leurs délibérations pour aller se battre à la Séa, où les soldats faisaient des prisonniers et du butin.

Comme la Trinité insistait pour avoir une réponse, ils se retrouvèrent aux Bonnets, mais de nuit. Cela n'empêcha pas que, dès l'aube, ils se vissent cernés par les troupes. Grâce à leurs armes et à la connaissance des lieux, ils purent tous échapper.

Les soldats commencèrent alors à piller et incendier tous les hameaux, puis à poursuivre les fuyards vers le Vandalin. Un vieillard, âgé de 103 ans, et sa petite fille de 18, étaient cachés dans le creux de rocher qu'on appelle le *Bars de la taillola* (poulie); découverts, le vieillard fut égorgé, la jeune fille se jeta dans l'abîme pour ne pas tomber vivante entre les mains de ces infâmes.

Le comte promit que les troupes évacueraient la vallée, si les Vaudois payaient seize mille écus pour les frais de la guerre. Le duc réduisit de moitié cette contribution. Leurs maisons et leurs récoltes étant détruites, il ne restait aux Vaudois que leur bétail pour réaliser cette somme. Le comte, d'accord avec les acheteurs, réussit à le faire vendre à vil prix; après quoi il exigea de nouveau qu'on déposât toutes les armes, puis il réclama les huit mille écus dont le duc leur avait fait la remise.

Et l'armée ne s'en allait pas.

Ensuite il obtint qu'on fît partir les ministres, qu'il essaya de rejoindre sur les neiges du Col Julien. Il avait fait dire à Etienne Noël, pasteur d'Angrogne, qui était en relations avec la duchesse, qu'il pouvait demeurer tranquille; il n'en envoya pas moins des soldats pour le prendre. Noël était sur ses gardes et leur échappa.

Enfin, après avoir ruiné toutes les maisons qu'il put atteindre, il emmena les troupes hiverner dans la plaine.

Les quatre cents soldats, qu'il laissa dans les forts de la Tour, du Villar et du Perrier, continuèrent à être la terreur des communes avoisinantes. Ils se faisaient journellement porter des vivres, ce qui ne les empêchait pas de piller les fermes et de faire des prisonniers. Ceux qui avaient de l'argent étaient rançonnés, les autres soumis à d'atroces tortures, qui en firent mourir plusieurs, tels que les deux Geymet, des Bonnets. Ainsi l'année 1560 s'achevait sous de funestes auspices pour les Vallées.

Chapitre XXVI.

Combats du Villar, de Rora et d'Angrogne (1561).

Les Vaudois semblaient domptés. Aux premiers jours de l'année 1561 leurs députés furent relâchés, après six semaines d'absence. Mais le récit des iniquités, dont les uns et les autres avaient été les victimes, anima toute la population d'une ferme résolution de maintenir, envers et contre tous, leur liberté de conscience. On décida de ne plus se fier à la parole du comte et l'on envoya des messagers aux confédérés du Val Cluson. Des députés de cette vallée française vinrent à leur tour avec des secours et l'union fut confirmée au Puy de Bobi, la veille du jour où les chefs de famille devaient déclarer, par devant le juge, s'ils désiraient vivre selon les édits, ou affronter le châtiment des hérétiques.

On arrêta de se porter en masse à l'église pour s'engager publiquement à demeurer fidèles à l'Evangile. Même la vallée de Pérouse osa alors inaugurer le culte public.

Le 22 janvier, ceux de Bobi, après avoir dépouillé leur église des oripeaux du culte romain, entendirent une exhortation de leur pasteur. Puis, comme le magistrat n'arrivait pas, le peuple se dirigea vers le Villar. A Via Fourcia ils rencontrèrent une partie de la garnison qui allait piller le Val Guichard. On en vint aux mains, et les pillards durent s'enfuir jusqu'au château du Villar, qui fut assiégé pendant dix jours sans que la garnison de la Tour réussît à le délivrer. Les assiégés, qui avaient eu l'habitude de se faire servir par les habitants, manquaient de tout, même d'eau, et étaient forcés de pétrir avec du vin le peu de farine qui leur restait. Ils se rendirent donc, et dans la nuit les Vaudois rasèrent la forteresse.

Le même jour, 2 février, La Trinité rentrait dans la vallée avec 1200 soldats. Il essaya de nouveau, mais en vain cette fois, de détacher Angrogne de l'Union des Vallées.

Après un essai infructueux de forcer le passage des Sonnaillettes, le 7, il divisa l'armée en plusieurs bandes qui envahirent simultanément le vallon d'Angrogne. Les habitants, craignant d'être cernés, reculèrent jusqu'au défilé des Casses situé au pied du Castelet et tout en-encombré de rochers, que les Vaudois roulaient sur les assaillants. Les troupes durent rentrer à la Tour, non sans avoir dévasté tout le bas d'Angrogne.

La Trinité vengea cet échec en lançant trois cents soldats sur la petite commune de Rora, isolée à l'extrémité méridionale des Vallées, et ne comptant que quatre-vingts familles. Deux fois il fut repoussé; une troisième, il occupa si bien toutes les issues du vallon que l'on put voir les différentes colonnes avancer de tous côtés vers le chef-lieu. Le massacre allait commencer lorsque survint la compagnie volante, formée par une centaine de Vaudois dauphinois pour accourir d'une commune à l'autre sur les points les plus menacés. Protégés par ces arquebusiers, les Rorencs purent franchir la crête de Brouard et se retirer de nuit, à travers les neiges, au Villar, où ils furent accueillis comme des frères.

Le comte se tourna alors contre le Villar. Il envoya la cavalerie et une partie de l'infanterie le long des prés qui bordent le Pélis; d'autres soldats suivaient la route à mi-côte; d'autres enfin devaient passer par Rora pour aller franchir la rivière en amont du Villar.

Les Vaudois ne purent faire face qu'à la deuxième colonne, tout en reculant à mesure qu'ils voyaient la cavalerie avancer. Ils tinrent tête au Rospard, qui coule à l'entrée du bourg, mais la cavalerie survenant derrière eux les mit en grand danger et les força à se replier sur la colline. Le bourg fut incendié par les troupes et abandonné.

Le but suprême du comte était d'occuper le Pradutour, région défendue par des pentes rapides et élevées, et qui pénètre comme un coin entre les trois Vallées.

Le 14 février, deux colonnes attaquèrent ce bassin par les hauteurs des vallées de Pérouse et St. Martin, pendant qu'une troisième achevait d'incendier les hameaux inférieurs pour faire sortir les Vaudois de leurs retranchements naturels. Le piège ne réussit pas, parce que la colonne qui avait passé la nuit à Pramol se montra trop tôt sur la Vachère et put être repoussée avant que l'autre bande parût sur les Couletoun, qui séparent Angrogne de Riclaret.

Cette dernière était commandée par Charles Truchet et Louis de Montiglio. Ils avaient gravi péniblement cette haute crête neigeuse et ne pensaient plus qu'à descendre, pour se refaire par le pillage des fatigues de l'ascension. Les batteurs, parvenus bien bas sans voir aucun défenseur, criaient : « Descendez, Seigneur Charles, aujourd'hui tout Angrogne est prise ». Soudain, au détour d'un rocher, paraissent cinq Angrognins, bientôt suivis d'autres et de la compagnie volante.

Les soldats, surpris, embarrassés par leurs armes sur cette pente glissante, ne soutinrent pas le choc et commencèrent à remonter. Mais ils trouvèrent ce retour si difficile que plusieurs y laissèrent la vie, parmi lesquels les deux chefs.

Les Vaudois, sous les ordres de Jean Orouï et d'autres capitaines, redescendirent au Pradutour, chargés des armes des vaincus et louant Dieu de cette délivrance merveilleuse.

Le 18 février, l'attaque contre le Villar fut reprise avec plus de vigueur. Le chef-lieu n'étant plus qu'un amas de décombres, les Vaudois placèrent leurs gardes sur les points stratégiques de la *costière*.

Ils avaient négligé de garder le coteau des Huchoires, parce que l'accès en est rendu très pénible par les vignes basses et les murs de soutènement qui s'alternent au dessus de Garin.

L'ennemi s'en étant aperçu y engagea quelques hommes ; ils allaient atteindre cette éminence lorsqu'une trentaine de Vaudois les prévinrent. Bientôt le centre de la mêlée se porta de ce côté, et les assaillants, toujours plus nombreux, purent enlever le poste. En ce moment arriva un messager criant :

« Courage, Dieu envoie ceux d'Angrogne à notre secours ».

Les Angrognins secouraient le Taillaré, assailli ce même matin par un tiers de l'armée. Cette nouvelle était donc prématurée ; cependant, elle releva le courage des Vaudois en même temps qu'elle abattit celui des ennemis, qui sonnèrent la retraite. Ce fut le dernier assaut donné au Villar.

Le 3 mars, avec 1900 hommes de troupes fraîches, la Trinité retourna à l'assaut du Pradutour. Une colonne suivit la Séa d'Angrogne, deux autres s'engagèrent à mi-côte sur les chemins qui portent au pied de la Rochaille. Le combat fut acharné et dura jusqu'au soir. Le comte avoue, dans sa relation officielle, qu'il perdit dans cette journée deux colonels, huit capitaines, plusieurs officiers et quatre cents soldats, qui restèrent sur le champ de bataille, sans compter les blessés. « J'ai eu tant d'officiers blessés, écrivait-il, et tant de personnages de marque, que le reste de la troupe s'est si fort épouvanté que, pour quelques jours, il ne faut pas penser à pouvoir s'en servir pour rien de bon ». — « Dieu bataille pour eux et nous leur faisons tort », disaient-ils ; un grand nombre désertèrent, plusieurs même passèrent aux Vaudois. Ceux-ci n'avaient eu que dix-neuf morts dans ce combat.

Chapitre XXVII.

Derniers combats - Paix de Cavour (1561).

Le comte de la Trinité dut interrompre ses opérations pour remplir ses cadres amoindris.

Cependant, la duchesse et Philippe de Raconis ne cessaient de parler de paix au duc, qui ordonna à la Trinité d'en conférer avec les chefs des Vaudois. Cela ne pouvait amener aucun résultat, vu qu'on ne croyait plus à sa parole. Alors Raconis assuma lui-même ces négociations, pendant que les hostilités reprenaient de plus belle.

Les chroniqueurs ne rappellent aucun épisode de cette guerre, concernant la vallée de St. Martin, sinon que les excès de la garnison du Perrier, commandée par Boniface Truchet, poussèrent à bout les habitants qui, à l'aide d'un secours du Val Cluson, assiégèrent étroitement le fort. La Trinité s'y porta avec l'armée, le 24 mars, et empêcha que le château ne se rendît comme au Villar. Il fut retenu un mois dans cette vallée.

De retour au Val Luserne, il tenta un dernier effort contre le Pradutour. Renonçant à forcer la Rochaille, barrière naturelle, que les Vaudois venaient en outre de munir de bastions, il médita de se porter, par la Séa de la Tour et l'Envers d'Angrogne, en amont du lieu dont il désirait si fort se rendre maître.

Afin de pouvoir franchir sans résistance la Séa, il manda auprès de lui les quatre principaux personnages de la *costière* de la Tour, Michel Reymondet, du Cougn, Jean Rousset, de la Ruà, et deux autres. A l'aide de flatteries, et en rappelant les négociations entamées par Raconis, il les amena à promettre de faire poser les armes, pour plaire au duc. A cette nouvelle, plusieurs objectèrent aux députés qu'on ne pouvait prêter foi au comte; cependant on négligea de placer les gardes accoutumées, puisque Reymondet était le capitaine de la compagnie de la Tour.

Seule la compagnie volante veillait. Campée à la Combe du Villar, ses sentinelles l'avertirent, à l'aube du 17 avril, des mouvements de l'ennemi. Des troupes espagnoles, divisées en plusieurs bandes, portaient simultanément la dévastation sur les coteaux, presque parallèles, de Champ Ramà, du Taillaré, du Cougn, de la Ruà. Elles se trouvèrent réunies au Collet de la Séa.

Elles avaient tué treize personnes et fait plusieurs prisonniers, entre autres Rousset, surpris dans son lit. Reymondet s'était réfugié, avec sa femme et son enfant, dans une caverne du Vandalin.

Pour mieux déjouer la vigilance des défenseurs du Pradutour, le comte avait fait attaquer vigoureusement la Rochaille par deux colonnes, qui avaient suivi les chemins accoutumés. Mais lorsque l'armée eut commencé à défiler sur les hauteurs de Barfé, douze braves se portèrent rapidement au devant d'elle et occupèrent une position très forte. Les troupes s'étaient engagées le long du sentier étroit et rocailleux qui, passant au bas de l'énorme Roccia Gilla, conduit au pied de la paroi, non moins imposante, du Palaï, qu'il coupe transversalement le long d'un étroit repli gazonneux.

Trois Vaudois se mirent à l'affût pour foudroyer quiconque oserait s'y aventurer, pendant que trois de leurs compagnons, derrière eux, rechargeaient les armes. Les six autres avaient gravi le sommet du rocher d'où ils roulaient de gros blocs sur la troupe compacte des ennemis, en entraînant plusieurs dans l'abîme.

D'autres Vaudois accouraient vers le Palaï; aussi la Trinité jugea-t-il plus prudent de reculer jusqu'à Costa

Roussina pour délibérer. Pendant ce temps, la compagnie volante, en suivant le sentier rapide de la Gardëtta, Castelus et le Tendôu, était venue se poster parmi les hêtres du Boschet Scuret d'où ils tiraient, à coup sûr, sur la masse humaine tassée à leurs pieds.

La retraite était devenue inévitable. Les troupes la firent par la Séa et Chio l'Arvéura où la crête est entrecoupée de petits plateaux qui leur permettaient de faire tête. Elles tinrent bon jusqu'à Champ Ramà. Mais, plus bas, la pente, très rapide, est recouverte de bois, de vignes basses, de murailles, jusqu'au Fort et à la Ravádera, et les poursuivants y causèrent de graves pertes à l'ennemi, qui fut serré de près jusqu'aux portes de la Tour. Ce fut le dernier fait d'armes de la guerre. Le soir même, le comte se retira à Cavour, prétextant une maladie.

Les soldats avaient commencé à se débander ; les partisans de la paix réussirent enfin à vaincre la résistance du duc, auquel il en coûtait de traiter avec des sujets.

Le 5 mai, Raconis écrivit aux Vallées d'envoyer leurs députés à Cavour pour y conférer avec lui. Les pourparlers durèrent un mois, plusieurs des conditions proposées ayant été modifiées, soit par la Cour, soit par les assemblées populaires des Vaudois.

Enfin, le 5 juin, l'accord fut signé par Raconis, par deux pasteurs, Bergio et Valle, et par les députés Michel Reymondet, de la Tour, et Georges Monastier, d'Angrogne, les représentants des autres communes ne sachant pas faire leur nom.

Les conditions essentielles furent les suivantes :

Amnistie complète. Liberté de conscience et de culte. Rémission des huit mille écus, qui restaient à payer.

Cependant le culte public fut interdit sur le territoire de Luserne S. Jean, ainsi qu'à la Tour, en aval du Billon. Au Val Pérouse on ne reconnut comme légitimes

que les temples des Gaudins, à Rocheplate, du Drumil-
lous, à S. Germain, du Peui du Pomaré, et du Grand
Dublon. C'est à dire que les choses étaient remises, à
peu près, dans l'état où elles étaient avant les hostilités.

Emmanuel Philibert ne fit jamais entériner ces articles; mais il les fit observer.

Ainsi l'existence de l'Eglise Vaudoise en Piémont
était officiellement reconnue.

Chapitre XXVIII.

Les Vaudois de Calabre et des Pouilles.

Au moment où les Vaudois du Piémont sortaient victorieux d'une lutte terrible, la désolation de leurs frères du Royaume de Naples était déjà un fait accompli.

Nous avons narré la fondation de ces colonies et leur prospérité matérielle et spirituelle. Restés à la tête des églises vaudoises jusqu'en 1532, les Barbes de ces régions avaient aussi embrassé la Réformation, et avaient maintenu leurs relations avec les Alpes, tout en paissant leurs troupeaux avec prudence, pour ne pas provoquer des répressions sanglantes.

Mais, lorsque ces fidèles surent qu'en 1555 le culte public avait été institué aux Vallées et que des temples y avaient été bâtis, ils ne voulurent pas rester en arrière, disant qu'il était temps d'en finir avec ces mesures de prudence, qui favorisaient la lâcheté et l'hypocrisie.

Le Barbe Gille des Gilles, alors en mission en Calabre, essaya vainement d'empêcher ces innovations dangereuses. Il leur rappela qu'ils étaient les sujets du cruel Philippe II, qui avait déjà commencé à sévir contre les réformés en Espagne, et leur conseilla de se retirer dans d'autres pays, pendant qu'il leur était encore possible de vendre leurs propriétés. Il réussit à en persuader quelques-uns ; mais la plupart furent retenus par l'amour du sol natal, ainsi que par les dangers d'un long voyage à travers des pays ennemis, avec leurs familles et leurs biens.

Quand Gilles, au terme des deux années de sa mission, rentra aux Vallées, le Synode envoya à sa place Etienne Negrin, de Bobi.

Les partisans les plus bouillants d'un nouvel ordre de choses, trouvant qu'il fallait avoir plusieurs prédicateurs, envoyèrent à Genève un jeune homme, Marc Usceghi, ou plutôt Marquet Sceglia, pour en demander à Calvin.

Parmi les nombreux réfugiés, qui s'étaient rattachés à l'église italienne de Genève, deux Piémontais se déclarèrent prêts à entreprendre cette mission périlleuse. C'étaient Jacques Bonello, de Dronero, et Jean Louis Paschale, de Coni.

Ce dernier avait connu l'Evangile à Nice, où il servait dans l'armée du duc de Savoie, et il était entré avec ardeur dans l'armée du Christ. Réfugié à Genève, il avait passé à Lausanne pour y perfectionner ses études théologiques. Rien ne put refroidir son zèle: ni les dangers qui l'attendaient ni la perspective d'abandonner sa fiancée, Camilla Guarina, de Dronero, elle aussi réfugiée pour la foi.

Le député vaudois et les deux pasteurs partirent avec deux instituteurs, dont la foi devait faiblir aux premiers souffles de la persécution.

Arrivés au Midi de l'Italie, Bonello ne tarda pas à passer en Sicile; arrêté à Messine, il reçut la palme du martyre à Palerme, le 18 février 1560; Paschale commença une active campagne de prédication au sein de nombreux groupes vaudois. Les foules se pressaient pour entendre sa parole ardente; toute la région en était remuée. Le baron Salvatore Spinelli manda auprès de lui les chefs des communes pour s'informer de la chose. Bien qu'il n'eût pas été appelé, Paschale voulut les accompagner, croyant de son devoir de parler pour ses ouailles. Mais, à peine entré dans le palais de Fuscaldo, il fut arrêté avec Sceglia, tandis que les autres étaient relâchés.

Quelques mois se passèrent sans que les Vaudois eussent rien autre à souffrir. Mais, quand le baron sut que l'Inquisition était informée de ce réveil religieux, craignant d'être traité comme complice des hérétiques, il dénonça lui-même ses paisibles colons, demandant des prédicateurs pour les convertir ou des troupes pour les exterminer.

L'Inquisition réclama Paschale et Sceglia pour instruire leur procès à Rome. En janvier 1560, ils furent traînés à Cosenza, où Negrin, qui avait aussi été emprisonné, fut laissé mourir de faim. Les deux confesseurs passèrent ensuite à Naples et à Rome, long voyage, pendant lequel ils furent abreuvés de mauvais traitements.

Le procès de Paschale traîna en longueur, parcequ'on espérait lui arracher des dénonciations contre ses coreligionnaires, et peut-être une abjuration.

Mais il résista aux menaces et aux tourments, que lui infligeaient ces moines impitoyables, avec la même fermeté qu'aux offres généreuses et pressantes de son frère Barthélemi, accouru de Coni pour l'arracher à la mort.

Enfin, le Saint Office le condamna au supplice du feu, qu'il souffrit avec l'allégresse de quelqu'un qui échange les horreurs du cachot avec la gloire des cieux. L'exécution eut lieu sur la place du Pont S. Ange, le 16 septembre 1560.

En avril 1561, les Inquisiteurs se portèrent dans les colonies vaudoises, privées de leurs chefs spirituels. A S. Sixte, qui était la principale, les habitants s'étaient retirés dans les bois pour ne pas être pris aux filets des ennemis de la vérité. Ceux-ci passèrent alors à la Guardia, où ils invitèrent les habitants à imiter leurs frères de S. Sixte, qui avaient abjuré, dirent-ils. On crut à leur parole ; mais lorsque les Guardiotes s'aperçurent d'avoir été trompés et qu'ils voulurent rejoindre les fuyards dans les bois, la plupart se virent entourés par les soldats, qui avaient suivi de près les moines.

Les Vaudois, réfugiés dans des forêts profondes, repoussèrent victorieusement les premiers assauts des troupes, qui perdirent leur chef dans la bataille. Alors le gouverneur de la province s'y rendit en personne avec des forces prépondérantes et aidé de gros chiens, qu'on avait dressés en Amérique à la chasse humaine. Il cerna ces malheureux, et traîna en prison ceux qui n'avaient pas péri en combattant.

Un fort petit nombre, hommes et femmes, celles-ci en habits d'homme, réussirent, après mille dangers, à atteindre les Vallées du Piémont, la métropole de leur patrie désolée.

Dans les onze premiers jours de juin, mille deux cents prisonniers des deux sexes furent pendus ou brûlés, souvent après des tortures épouvantables. Quatre-vingt-six Guardiotes furent écorchés vifs, puis écartelés, et les lambeaux de leurs corps, fichés à des pieux le long des grandes routes de la Calabre, marquèrent le trophée de la cruauté effrénée de l'Espagne et de Rome. Neuf femmes furent vendues.

Deux mille autres de ces infortunés furent envoyés aux galères, ou bien, après avoir abjuré et s'être vus privés de leurs propriétés, ils furent réunis dans la Guardia et ses environs et étroitement surveillés. Ils durent participer régulièrement à toutes les cérémonies du culte romain, et il leur fut défendu de se marier entre eux et de parler le dialecte vaudois. Néanmoins, c'est encore aujourd'hui le langage des habitants de la Guardia, dont les noms de famille sont pareillement vaudois.

Ces contrées fertiles et riantes demeurèrent assez longtemps inhabitées, les villages consumés par les flammes, les vignobles et les arbres fruitiers coupés et arrachés.

Les Vaudois des Pouilles, qui n'avaient pas fait une profession aussi éclatante de leur foi évangélique, ne furent recherchés qu'en 1562. Ceux qui étaient décidés à persévérer, et à renoncer à leurs belles propriétés plutôt qu'à leur foi, avaient eu le temps de se retirer en Piémont ou à Genève. Les autres abjurèrent sans qu'il fût nécessaire de recourir aux tenailles des Inquisiteurs ni aux piques des soldats.

Chapitre XXIX.

Les Vallées Vaudoises
sous le gouvernement de Castrocaro (1565-1582).

Les Vaudois profitèrent de la paix de Cavour pour fixer leur constitution ecclésiastique, qu'ils avaient commencé à ébaucher en 1557. Le synode de 1563 vota une constitution semblable à celle des églises de France et de Suisse, de l'année 1559. Ainsi ils resserraient toujours plus les liens spirituels qui les unissaient au Val Cluson et aux réformés d'au delà des Alpes, surtout de Genève.

Les réformés de la plaine recommencèrent à fréquenter le culte public aux Vallées. Parmi eux on remarquait plusieurs gentilshommes, tels que Louis Bersour, fils de Pantaléon, le persécuteur de 1535, les frères Villanova Solaro, la comtesse de Cardè.

Alarmés par ces progrès, les éternels ennemis des Vaudois proposèrent au duc d'envoyer aux Vallées un gouverneur qui sût les contraindre à se contenter des limites concertées à Cavour.

Sébastien Grazioli, connu sous le nom de Castrocaro, en Toscane, son lieu d'origine, avait pris part à la guerre précédente et, fait prisonnier au Pradutour, les Vaudois l'avaient relâché parcequ'il avait dit être attaché au service de la duchesse. En promettant à cette dernière de protéger les Vaudois, et au clergé de les réprimer, il s'accapara la faveur de tous et, en 1565, il put s'installer dans le château de la Tour.

Sa garnison ne tarda pas à s'adonner à des excès qui rappelaient les temps du comte de la Trinité. Les réformés de la plaine étaient arrêtés lorsqu'ils se rendaient aux temples de la vallée; des assassinats étaient commis sans que la justice s'en inquiétât, tel que celui du capitaine réfugié Malerba ; les pasteurs de Bobi et S. Jean, Reymond, Français, et Lentulo, Napolitain, qui s'étaient mis en vue dans les évènements de 1560-61, furent expulsés. Gille des Gilles, auquel Castrocaro devait d'avoir été relâché, était alors à la tête de l'église de la Tour. Castrocaro se saisit de lui et l'emmena à Turin, où Gilles n'obtint la liberté qu'à l'occasion d'une ambassade de l'électeur palatin, qui intercéda en sa faveur.

Castrocaro fit aussi ériger, sur le chemin du Col la Croix, le fort de Mirabouc, qui fut une source de tracasseries sans nombre pour les habitants de Bobi.

A la fin du mois d'août 1572, éclata dans toute la France le massacre exécrable de la S. Barthélemi. Les plus fanatiques parmi les catholiques des Vallées commencèrent à insulter et menacer ouvertement les Vaudois, comme si leur extermination était décrétée. Le langage de Castrocaro devint si violent que les habitants des communes inférieures jugèrent prudent de se retirer sur les montagnes. Mais le duc défendit expressément qu'on fît aucune violence, sous prétexte de religion. Nous verrons qu'il n'en fut pas de même au Val Pérouse.

Le 19 octobre 1574, la bonne duchesse Marguerite mourut. Elle avait constamment protégé les Vaudois, autant du moins que le lui permettait le caractère impérieux du duc. Elle était aussi demeurée jusqu'au bout la protectrice de Castrocaro. Aussi sa mort livra-t-elle ce dernier aux ressentiments des ennemis qu'il s'était faits, surtout parmi les seigneurs de Luserne, jaloux du pouvoir qu'il exerçait dans leur vallée.

Castrocaro ne fut pas inquiété du vivant d'Emmanuel Philibert. Mais Charles Emmanuel I, qui lui succéda en 1580, n'ayant pas obtenu qu'il évacuât le fort de la Tour, chargea Emmanuel Philibert de Luserne de l'en déloger de vive force. Le matin du 13 juin 1582, le comte, qui avait des intelligences dans la place, se présenta à l'improviste, avec quelques soldats, à l'entrée du château, et la sentinelle fut tuée avant de pouvoir lever le pont-levis. A l'intérieur, personne ne bougea, sauf les filles du gouverneur, puissantes viragos, qui se défendirent quelque temps, aidées de vingt-quatre gros chiens, dressés dans ce but.

Castrocaro, surpris dans ses appartements avec son digne fils André, fut emmené à Turin et emprisonné pour le reste de ses jours.

Chapitre XXX.

Troubles dans la Vallée de Pérouse.

La Réforme à Pramol (1572-1574).

La vallée de Pérouse, bien qu'elle n'eût pas encore été restituée par la France, avait été comprise dans le traité de Cavour (1561), parce qu'elle appartenait de droit au duc.

En 1572, Charles Birago, gouverneur deça les monts au nom du roi Charles IX, voulut y exécuter la S. Barthélemi ; mais il trouva les Vaudois sur leurs gardes. Il fit alors défendre, par Castrocaro, à ceux qui étaient sujets du duc, de porter les armes au secours de ceux qui étaient sujets du roi. Il lui fut répondu que, par l'union séculaire entre leurs différentes vallées, il étaient tenus de s'entr'aider, lorsqu'il s'agissait de maintenir la liberté de conscience.

Cette attitude résolue força Birago à différer l'exécution de ses desseins. De longue main, il prépara des troupes à Pignerol et, le 22 juillet 1573, avant l'aube, il les déchaîna dans la vallée. Elles surprirent, à Saint Germain, un corps de garde de cinq hommes, qui furent pendus à la Turina ; mais les habitants de S. Germain réussirent à leur tenir tête jusqu'à l'arrivée du secours, descendu d'Angrogne sous les ordres du bouillant capitaine Pierre Frache.

Les soldats furent obligés de repasser le Cluson et, s'étant partagés en deux bandes, l'une rentra à Pignerol, l'autre alla se loger à la Pérouse, menaçant ainsi la vallée à ses deux extrémités. Il y eut de nombreuses escarmouches, dans lesquelles les Vaudois eurent, la plupart du temps, l'avantage, grâce à leurs frères des autres vallées. Enfin, le 3 septembre, un accord fut signé, à la satisfaction des parties. Cette campagne fut appelée *guerre de la Radde*, du nom du capitaine des troupes françaises.

Pramol n'avait jamais adhéré en masse aux doctrines des Vaudois, ni à la Réformation, et les habitants de ce vallon étaient encore presque tous catholiques. Le pasteur de S. Germain était alors Francois Garino, Guarino ou Guérin, le frère de la fiancée de Paschale. Pendant la guerre de la Radde, il monta, un jour de fête, à Pramol et trouva la population rassemblée dans l'église.

Nous tenons d'un écrivain du temps, un moine capucin, le récit de ce qui s'ensuivit.

« Quand la messe fut finie, le ministre dit au curé : Monseigneur, avez-vous dit la messe ? Le curé répondit : Oui, Monsieur. Le ministre répliqua : *Quid est missa ?* Le curé ne sut répondre un seul mot. Le ministre lui répéta en italien, parceque peut-être le pauvre curé ne comprenait pas le latin : Oh ! Monseigneur, qu'est-ce que la messe ? Toujours point de réponse. Alors le ministre monta en chaire et commença à prêcher contre la messe et contre le pape, et entre autres choses il leur dit : O pauvres gens ! ne voyez-vous pas que vous avez ici un homme qui ne sait ce qu'il fait ? Tous les jours il dit la messe, sans savoir ce que c'est. Il fait une chose que ni lui ni vous ne comprenez. Voyez ici la Bible, entendez la Parole de Dieu, et ainsi de suite ».

Et il invita ces montagnards à se trouver réunis le dimanche suivant, et le curé à se préparer à soutenir les raisons de l'Eglise romaine. Mais, le jour venu, le prêtre avait disparu de la commune, et Garino n'eut qu'à exhorter ses auditeurs à accepter l'Evangile, disant qu'il était prêt à recevoir aux Balmas, où il résidait, tous ceux qui désireraient lui parler en privé. Dans le courant de la semaine, tout Pramol s'y rendit ; et, lorsqu'ils eurent suivi une instruction régulière, ils furent constitués en une nouvelle église vaudoise.

En décembre 1574, Pignerol et la vallée de Pérouse rentrèrent finalement sous le sceptre de la maison de Savoie, après le passage à Turin du roi Henri III, revenant de Pologne.

Les guerres de religion, qui déchiraient le Dauphiné, à cette époque, virent aussi plusieurs Vaudois, avec le capitaine Frache, voler sous les drapeaux huguenots.

Chapitre XXXI.

Les Vallées sous le règne de Charles Emmanuel I.
(1580-1630).

Au cours de son règne de cinquante ans, Charles Emmanuel I fut si souvent en guerre avec la France, l'Espagne, Genève, Gênes ou le Montferrat, qu'il n'eut pas le loisir d'entraver les progrès des réformés de ses Etats, autant qu'il le désirait.

Dans les courts intervalles de paix, il ne manqua pas de les abreuver de tracasseries. Par contre, lorsqu'il avait besoin des milices vaudoises parce que leur frontière était menacée, ou qu'il convoitait les Etats de ses voisins, il leur laissait une entière liberté de conscience et de culte.

En 1588, profitant des guerres civiles de France, il occupa le marquisat de Saluces. Mais, à peine Henri IV put mettre un terme aux troubles intérieurs de son royaume, il envoya en Piémont le vaillant Lesdiguières, gouverneur du Dauphiné. Les Vaudois repoussèrent les tentatives faites, en 1591 et 1592, par les troupes françaises de forcer le passage de Mirabouc. Alors Lesdiguières essaya d'une autre route. Par une marche secrète et rapide à travers le Val Cluson dauphinois, il parvint aux portes de la Pérouse, le soir du 25 septembre 1592, les trouva ouvertes, et put s'emparer du bourg. Le château se rendit le 2 octobre.

Poursuivant ses succès vers le Val Luserne, que le duc avait pareillement dégarni de troupes pour une expédition téméraire en Provence, le 3 octobre il occupa Briquéras. Les commandants des forts de la Tour et de Mirabouc se rendirent sans combattre. Les habitants des Vallées, qui avaient demandé du secours à Turin, reçurent de la duchesse le conseil de se plier aux circonstances inévitables, en subissant la domination française; en conséquence, un accord avec Lesdiguières fut signé le 1ᵣ novembre.

Les deux années de cette occupation furent agitées par plusieurs faits d'armes, surtout depuis que les troupes piémontaises eurent occupé Luserne. Par contre, les Vaudois jouissaient d'une entière liberté de conscience, d'autant plus que Lesdiguières était huguenot.

Deux actions sanglantes marquent les moments culminants de cette période, la prise de Cavour par les Français, en décembre 1592, et celle de Briquéras, dont le château tomba au pouvoir du duc, le 23 octobre 1594. Cette victoire entraîna avec elle l'occupation du Val Luserne.

Le parti fanatique, qui entourait Charles Emmanuel, l'excitait à saisir cette occasion d'exterminer les Vaudois, sous prétexte de rébellion, mais l'iniquité de cette mesure eût été trop évidente, puisque les catholiques, et même tous les seigneurs des Vallées, avaient fait comme eux, et cela d'après le conseil de la duchesse.

Mirabouc ne put être arraché aux Français que dans l'été de 1595, avec le secours des habitants de la vallée. Le duc intervint en personne aux dernières opérations; à son retour, les autorités vaudoises lui présentèrent leurs hommages sur la place du Villar, et il leur parla en ces termes : « Soyez moy fidèles, et je vous serai bon prince, et mesme bon père, et quant à vostre liberté de conscience, et exercices de vostre religion, je ne vous veux innover chose aucune contre les libertez esquelles vous avez vescu jusques à présent, et si quelqu'un entreprend de vous y troubler, venez à moy et j'y pourvoyray ».

Belles paroles, qui ne furent que trop souvent démenties par les faits :

Pour contenir les Vaudois du Val S. Martin, Charles Emmanuel fit ériger, en 1602, le fort de Praluis ou Palais Louis.

De nombreux actes de violence et de pillage, demeurés impunis, furent commis par des troupes cantonnées dans les vallées, notamment par la compagnie du capitaine Gallina, placée à Luserne en 1603.

Des jésuites et des capucins furent introduits partout et mis sous la protection spéciale du duc. Par leurs faux rapports, ces moines exposaient, sous leur plus mauvais jour, tous les moindres événements qui se passaient, et provoquaient de nouveaux édits, qui restreignaient toujours plus la liberté de conscience. Ils enlevaient des enfants, ils obtenaient la grâce des condamnés à mort, à condition qu'ils abjurassent. Ces malfaiteurs et apostats étaient aussitôt créés conseillers, voire même syndics, sous prétexte qu'il était nécessaire de protéger les minorités. Ils finirent par obtenir que les conseils communaux dussent être composés en majorité de catholiques, même dans les communes où ceux-ci se comptaient sur les doigts.

En 1600, plusieurs jeunes gens furent condamnés en contumace à de fortes peines pour avoir effrayé de nuit le curé de la Tour qui, toujours armé, s'était vanté de n'avoir peur de rien. Ils se réfugièrent sur les hauteurs, formèrent une compagnie, qui fut dite des bannis, et commencèrent à fondre à l'improviste sur les maisons de leurs ennemis et sur les bourgs de la plaine, pour commettre des actes de vengeance, ou pour exiger des contributions.

Le sénateur Barberi, secrètement appuyé par l'héritier du trône, entreprit de ruiner, au moyen de procès et avec une apparence de légalité, plusieurs familles vaudoises. La soif de l'argent était le principal mobile des auteurs de cette intrigue, qui troubla, de 1625 à 1627, les communes inférieures du bassin du Pélis.

L'Inquisition devenait toute-puissante, et ses cachots furent le tombeau de plusieurs confesseurs de la foi.

Le corps des Vallées ayant réclamé contre le rapt de Josué Geaime, âgé de 8 ans, la réponse officielle du gouvernement fut: « Ceci ne regarde pas Son Altesse ».

Barthélemi Coupin, ancien de la Tour, fut arrêté à Asti, en 1601, contre les privilèges de 1561, pour avoir osé dire qu'il était *de la religion;* en dépit de nombreuses démarches, on ne put jamais obtenir sa libération.

Antoine Bonjour, pasteur de Pravillelm, fut emprisonné dans le château de Revel, et l'on allait le livrer à l'Inquisition lorsqu'il réussit à s'évader et à se retirer à Bobi, sa commune natale.

Les Vaudois, pour pouvoir suffire aux besoins religieux, toujours croissants, de leurs congrégations et profitant de la liberté dont ils avaient joui sous Lesdiguières, avaient bâti plusieurs temples hors des limites fixées par le traité de Cavour. Ainsi celui des Malanots (aujourd'hui les Malans) à S. Jean et six en Val Pérouse: à Pramol, à Volavilla de S. Germain, au Villar, au Peui du Dublon, dans le bourg de Pinache, et aux Brès, dans le vallon de l'Albouna, commune de Pérouse.

Cela provoqua de nombreux troubles, à plusieurs reprises, surtout au Val Pérouse en 1624. Des troupes, chargées d'imposer la démolition de ces édifices, furent repoussées dans plusieurs combats, le plus remarquable desquels eut lieu aux Barricades de S. Germain. Les Vaudois conservèrent les temples du Val Pérouse. On imposa la clôture, non la démolition, de celui de S. Jean, où le culte fut fait depuis sous un abri de branchages, adossé au temple même.

Les tracasseries des moines qui, avec l'appui des seigneurs, voulaient s'implanter même là où il n'y avait point de catholiques, amenèrent de nouvelles difficultés. Angrogne et Bobi s'obstinèrent à ne pas permettre l'entrée dans leur territoire de ces loups en habits ecclésiastiques. Ils furent installés au Villar, à la Tour et à Rora, dans les anciens palais des comtes Rorengo. Mais ils ne tardèrent pas à se rendre si odieux par leurs machinations secrètes, et par les moyens que nous avons décrits plus haut, que Rora, imitant Bobi, les expulsa. Au Villar, comme il avait été défendu à tout homme de toucher ces protégés du duc, ce furent de robustes montagnardes qui emportèrent hors de leurs murs ces parasites.

Les moines du couvent de la Tour n'ont été balayés que par la Révolution Française ; les cadavres des deux sexes, ensevelis la tête en bas, découverts lors d'une restauration récente, attestent les crimes infâmes qui s'y sont commis.

Au Val S. Martin, il n'y eut que le couvent du Perrier ; au Val Pérouse, ceux de la Pérouse et des Portes. D'autres moines furent établis plus tard à Fénestrelles.

En résumant ces différentes catégories de faits, on voit que Charles Emmanuel apporta plusieurs restrictions aux libertés des Vallées.

Ayant obtenu par le traité de Lyon, en 1601, de garder le marquisat de Saluces, il y étouffa les églises réformées, quoique, en s'emparant de ce pays, il eût promis de ne rien innover à leur égard. Les plus florissantes de ces congrégations étaient échelonnées de Saluces à Dronero, et dans les vallées de la Varaita et de la Maira. Il en fut de même des autres églises qui restaient dans ses anciens Etats, notamment celles de Caraglio, Valgrana et Demonte, aux environs de Coni, et celles de Méane et Mattie, près de Suse. Plusieurs martyrs, et des milliers de réfugiés, qui se retirèrent aux Vallées, en Dauphiné et à Genève, montrèrent combien la foi évangélique avait encore de témoins vivants dans cette contrée.

Ant. Léger Past.r & Prof.r né 1594.

Jean Léger.

Chapitre XXXII.

La peste (1630-1631).

Pendant la dernière année du long règne de Charles Emmanuel I, plusieurs fléaux ravagèrent, non seulement les Vallées et le Piémont, mais l'Europe entière ensanglantée par la guerre de Trente Ans.

A cette guerre et à l'invasion de la puissante armée de Richelieu, vint s'ajouter la famine, leur conséquence naturelle.

Le matin du 23 août 1629, en peu d'heures, un vrai déluge tomba sur les hauteurs des Vallées, et les torrents mirent en danger les villages avant qu'on eût pu aviser à se prémunir contre leurs ravages. La Ville de Bobi, bien que protégée par de hauts remparts, fut subitement inondée par le Pélis, joint au Cruel et au Coumbal de Guerra. Les moulins et quelques maisons s'écroulèrent, la place fut encombrée de gravier, d'arbres et de rochers. Mais, lorsqu'on s'attendait déjà à la ruine de tout le village, le courant changea de direction et rentra dans son lit naturel.

Les hameaux du plateau de Pral furent aussi environnés par les eaux tumultueuses de la Germanasque, de telle manière que le danger était tout aussi grand à y rester ou à chercher d'en sortir. Mais la baisse des eaux fut aussi subite que l'avait été la crue, et toutes les maisons résistèrent au choc. Il y eut peu de victimes aux Vallées, mais elles furent nombreuses dans la plaine. C'est peut-être à cette inondation que se rattachent nombre de traditions et de légendes, communes aux deux Vallées.

Un été pluvieux endommagea les principales récoltes, sur lesquelles on avait compté pour obvier à la cherté extraordinaire des vivres.

8

Mais le plus terrible fléau fut la peste. Précédée d'autres épidémies moins meurtrières, elle était apportée ici par les troupes de passage, là par des personnes qui fuyaient vers des régions plus saines, ayant déjà en eux les germes de la mort qu'elles voulaient éviter.

La peste, aux Vallées, éclata d'abord, au commencement de mai 1630, aux Portes, puis bientôt à S. Germain, aux Clos, à Pral. En juillet elle attaqua le Val Luserne. La mortalité fut telle qu'en peu de temps elle arrêta toute activité civile et religieuse. Tous les ministres succombèrent, sauf celui de la Tour, Pierre Gilles, qui dut assumer la charge pastorale de tout le Val Luserne, et celui de Villesèche, Valère Gros, qui devint le pasteur des vallées de Pérouse et de S. Martin.

L'intensité du fléau ne fit que s'accroître pendant l'été, qui fut très chaud. Tout travail fut suspendu; les fruits même pendaient aux arbres sans que personne les recueillît, malgré la disette.

Les hommes d'autorité, qui auraient pu pourvoir aux nécessités les plus urgentes, étaient morts; il en était de même de la plupart des médecins et pharmaciens. Aussi les malades ne pouvaient-ils avoir ni soins ni remèdes. Ceux qui étaient sains s'abstenaient de les visiter, et la crainte de l'infection amenait des scènes atroces d'égoïsme et de dureté de cœur.

Le pasteur Gilles, qui vit mourir ses quatre fils aînés, et qui nous a conservé, dans son histoire, un tableau vivant de ces temps calamiteux, raconte qu'un chirurgien français exigea un écu d'or pour dire par la fenêtre à un malade comment il devait s'appliquer les ventouses. Les ensevelissements coûtaient fort cher, et plusieurs donnèrent de grosses sommes et même leurs propriétés pour s'assurer une sépulture honorable. D'autres furent brûlés avec leurs maisons, personne ne voulant en extraire les cadavres.

Un automne précoce ralentit l'ardeur du mal. En

même temps, quelques ministres, envoyés de Genève, venaient alléger le lourd fardeau qui pesait sur deux vieillards.

Au printemps de 1631, il y eut une recrudescence de peste, qui fit encore de nombreuses victimes ; puis la contagion cessa entièrement ses ravages en juillet.

Les survivants purent alors constater les larges plaies que cette terrible verge de Dieu avait faites. Plusieurs familles, même nombreuses, avaient tout-à-fait disparu, ou n'étaient plus représentées que par un vieillard, une veuve, un orphelin.

Au Val S. Martin, il y eut 1500 Vaudois morts et 100 catholiques ; au Val Pérouse, plus de 2000 Vaudois ; à Rocheplate et Prarustin 550 ; au Val Luserne 6000. L'église de la Tour fut privée de 800 âmes, entre autres de 50 familles entières.

Il faut remarquer encore que ces chiffres, donnés par Gilles, ne comprennent ni les catholiques (sauf ceux du Val S. Martin) ni les réfugiés, militaires et autres, qui étaient venus en foule respirer un air plus pur, et dont les corps, longtemps après, gisaient sans sépulture sur les sentiers écartés des montagnes.

La commune de Chabran était encore entièrement dépeuplée, trente ans plus tard ; il en était de même d'une bonne partie de celles de Traverse, S. Martin et Fayé.

Au Val Luserne, au moyen de mariages et de nombreuses successions, la population se recueillit dans les propriétés les plus basses et fertiles, et les hauteurs devinrent des chalets, ou *fourest*, comme c'est encore le cas aujourd'hui.

Telle était la désolation de ses Etats, d'ailleurs en grande partie occupés par les troupes françaises, lorsque Charles Emmanuel I mourut, mais non de la peste, le 26 juillet 1630.

Chapitre XXXIII.

Les Vallées sous le règne de Victor Amédée I et la régence de Christine de France (1630-1648).

Victor Amédée montait sur le trône dans un moment bien critique, mais sa tâche réparatrice fut facilitée par le fait qu'il était le mari de Christine, sœur de Louis XIII. Il dut néanmoins signer le traité de Cherasco, par lequel il cédait à la France Pignerol et tout le Val Pérouse sur la gauche du Cluson.

Les Vaudois avaient motif de craindre pour leurs libertés, se rappelant que leur nouveau seigneur avait trempé jadis dans les exactions de Barberi. En effet, malgré la brièveté de son règne et les guerres dans lesquelles il fut engagé, Victor Amédée I réussit à éteindre la dernière église qui fît encore briller le flambeau de l'Evangile dans l'ancien marquisat de Saluces.

Charles Emmanuel avait essayé de chasser les Vaudois de Pravillelm et des quartiers adjacents, mais leur union avec les autres Vallées les avait préservés pour lors. Après la peste, cette église isolée se trouva tellement réduite, que le duc jugea le moment venu d'y déployer son zèle convertisseur. Un édit du 23 septembre 1633 leur ordonna d'abjurer on de sortir de la vallée. Pas un ne faiblit et ils se retirèrent tous au Val Luserne; mais deux d'entre eux, étant retournés à Barge pour y exiger quelques créances, furent emprisonnés. L'un put payer sa rançon, l'autre mourut sur les galères.

Aux Vallées le gouvernement fit renaître des difficultés au sujet des temples, tracassa plusieurs pasteurs, rendit presque impossible l'achat de nouvelles propriétés, tandis qu'il aidait les catholiques à acquérir celles des réformés.

Malgré ces traitements injustes, les Vaudois supportaient les mêmes charges que les autres sujets et montraient leur fidélité et leur bravoure dans la guerre contre l'Espagne, au cours de laquelle Victor Amédée mourut.

Sa mort (1637) marque le commencement d'une sanglante guerre civile qui traîna jusqu'en 1642. La régence du jeune duc, François Hyacinthe, auquel succéda en 1638 un autre enfant, Charles Emmanuel II, fut assumée par leur mère, Christine, qui s'appuyait naturellement sur la France.

Cette irrégularité ne pouvait que déplaire à ses beaux-frères, le cardinal Maurice et Thomas de Carignan, auquel remonte la branche de la maison de Savoie qui règne actuellement en Italie. Convaincus que les intérêts de l'Etat exigeaient l'alliance de l'Espagne, et n'obtenant pas dans le gouvernement la place à laquelle leur naissance leur donnait droit, les deux princes provoquèrent l'intervention des troupes espagnoles.

Tout le Piémont fut partagé entre ces deux factions. Les Vaudois demeurèrent unis, et fidèles au jeune duc; mais ce résultat ne put être obtenu sans contrastes, puisque quelques membres de la maison de Luserne avaient embrassé le parti des princes. Les corps de garde placés aux débouchés des Vallées réussirent à les préserver contre les pillards, qui pullulent en temps de guerre civile.

Ces mesures d'ordre étaient dues, en grande partie, à l'autorité qu'avait acquise sur ses coreligionnaires le pasteur de S. Jean, Antoine Léger.

Né à Villesèche en 1594, Léger, après des études soignées à Genève et à Londres, avait été pasteur dans son village natal, puis envoyé à Constantinople comme chapelain des ambassades protestantes. Il y avait entretenu des relations suivies avec le patriarche Cyrille Lucar, qui rêvait l'union des grecs et des protestants. Les besoins des Vallées ayant exigé son rappel, sa connaissance de l'italien lui valut l'église de S. Jean, la plus rapprochée de la plaine et, partant, la plus exposée aux coups de l'ennemi. Le déclin des forces du vénérable patriarche, Pierre Gilles, fit aussi reposer sur lui les plus hautes responsabilités ecclésiastiques.

Au lieu de récompenser Léger pour sa fermeté, la Cour, voyant qu'elle affaiblirait l'Eglise vaudoise en frappant son chef, l'accusa d'avoir ourdi des complots avec l'étranger, et le cita à comparaître à Turin, contre les privilèges de la Vallée qui voulaient qu'il fût jugé à Luserne. Il ne comparut pas, ne voulant pas se livrer à ses juges iniques, et fut condamné en contumace, en 1644.

Genève lui confia l'enseignement du grec dans sa célèbre Académie. C'est dans cette ville qu'il mourut en 1661, laissant un fils du même nom, dont la réputation devait être encore supérieure à la sienne.

Son successeur à S. Jean fut son neveu, Jean Léger, né à Villesèche en 1615, étudiant à Genève, pasteur à Pral de 1639 à 1644. Malgré son âge relativement jeune, la mort et l'exil de plusieurs de ses collègues lui valurent les charges les plus hautes, mais aussi les plus dangereuses alors. C'est lui qui a décrit, avec des caractères de feu, dans son histoire, les scènes sanglantes dont il fut le témoin, surtout de 1653 à 1663.

Chapitre XXXIV.

La Propagande.

L'incendie du couvent du Villar (1648-1654).

Le jeune duc, Charles Emmanuel II, était sorti de minorité en juin 1648. On voulut signaler cet événement par de nouveaux édits contre les libertés, que ses prédécesseurs avaient garanties aux Vaudois. D'ailleurs, jusqu'à la mort de sa mère, survenue en décembre 1663, ce fut elle qui continua à gouverner effectivement; et, pendant qu'elle donnait à l'Europe le spectacle d'une vie licencieuse, elle déployait un zèle toujours plus grand pour étouffer la Réforme.

En 1622, le pape avait fondé la Propagande, qui prit, en 1650, le nom de Congrégation pour la propagation de la foi et l'extirpation des hérétiques. Des succursales importantes ne tardèrent pas à surgir à Turin et à Grenoble.

Cette nouvelle organisation servit à grouper les ennemis les plus acharnés des Vaudois, hommes et femmes, ecclésiastiques et laïques. On y comptait tous les ministres de la Cour de Turin, les magistrats, les officiers supérieurs, plusieurs des seigneurs des Vallées. On remarquait, parmi les plus fanatiques, Marc Aurèle Rorengo des seigneurs de la Tour et prieur de S. Jean, et la marquise de Pianesse.

Tous les moyens étaient bons. Offrir de l'argent, et l'exemption des impôts, aux plus pauvres des Vallées pour prix d'une abjuration, grâcier les condamnés sous la même condition, enlever des enfants et exiger ensuite que les parents leur donnassent, par anticipation, leur part d'héritage, placer les autorités à la disposition des moines, accaparer les propriétés. Tout cela était appuyé d'autant d'édits qui violaient même le droit naturel, et par lesquels le prince indolent mettait son pouvoir au service de la Propagande.

Des accusations, absolument gratuites, de lèse majesté ou de crimes énormes, étaient lancées contre les personnages les plus en vue ou les plus riches. Si, malgré leurs privilèges, ils obéissaient à la citation, ils trouvaient à Turin des juges qui avaient prêté serment d'extirper les hérétiques et qui les condamnaient sur de faux témoignages; s'ils étaient absous, ce n'était qu'après avoir ruiné leur santé et leur fortune dans les longueurs de la procédure et les horreurs des cachots.

S'ils insistaient pour être jugés à Luserne, on les condamnait en contumace, leurs biens étaient confisqués, et l'exil devenait leur unique ressource, à moins qu'ils n'allassent se joindre aux bannis, errants sur les montagnes.

Les dénonciations fausses et perfides étaient surtout l'œuvre des moines, qui avaient été rétablis dans plusieurs communes en 1646. Aussi, sans l'excuser, s'explique-t-on que le feu ait été mis aux maisons qu'ils occupaient à Bobi et à Angrogne. Les coupables n'ayant pu être découverts, on prit à partie les pasteurs Guérin et Lepreux, qui durent se retirer, l'un au Val Cluson, l'autre au Val Pérouse.

Les Villarencs regrettaient de n'avoir pas imité l'exemple de leurs voisins, et de devoir subir la présence odieuse de ces machinateurs hypocrites.

Parmi ceux qui désiraient qu'on employât la violence pour se défaire des moines, étaient deux frères Pellenc et la femme du pasteur. Ce dernier, François Manget, genevois, tâchait, au contraire, de leur représenter les conséquences d'un acte aussi téméraire. Survint un traître qui, feignant du zèle pour la vérité, les amena à commettre une action, qui servît de prétexte à une intervention armée.

Manget se laissa enfin persuader, à condition que ses collègues approuveraient ce dessein. Il fit convoquer par Léger le colloque de la Vallée, à la Tour, le 28 mars 1653. Manget et ses compagnons exposèrent leur plan, mais ils furent énergiquement blâmés. Le traître, qui épiait à la porte, courut dire aux conjurés que la destruction du couvent était décidée, et qu'il serait beau à eux de l'exécuter avant même d'en avoir reçu l'ordre.

On attaqua le couvent, mais les moines, prévenus, s'étaient enfuis avec le traître, pendant que les flammes dévoraient l'édifice.

La nouvelle, grossie par la malveillance, fournit à la Cour l'occasion de réunir des troupes; le 26 avril, le comte Tedesco, avec six cents hommes, parut à l'improviste dans la vallée et la traversa sans trouver de sistance jusqu'à l'entrée du Villar, qu'il ne put forcer.

Les Vaudois, réunis près des ruines du château de la Tour, décidèrent d'envoyer un député à Turin afin de montrer leur dévotion et d'offrir leur aide pour le châtiment des coupables.

Manget et quelques autres prirent la fuite, une maison fut choisie pour devenir la nouvelle résidence des moines, puis les troupes vidèrent la vallée.

Le plan de la Propagande n'avait pas réussi. On s'avisa d'un autre moyen d'écraser les Vaudois sans que les motifs religieux semblassent être en jeu. La duchesse assigna les Vallées pour quartier d'hiver à quatre régiments français, pendant que ses émissaires excitaient les habitants à prouver leur fidélité en résistant à ces troupes qui, leur disait-on, envahissaient les Etats du duc contre ses ordres.

Les Vaudois s'armèrent et barricadèrent l'entrée de la Tour, où le maréchal de Grancey se porta, le 2 février 1654. Outré de cette résistance inattendue, il avait déjà commandé de marcher à l'assaut lorsque Léger, empoignant la queue du cheval d'un officier huguenot, traversa hardiment le camp ennemi et réussit à éclaircir, aux yeux du maréchal, l'équivoque créée par des menées jésuitiques. Grancey envoya à Turin une estafette, qui revint avec un ordre signé par Christine, et les Vaudois cessèrent aussitôt de s'opposer au logement des troupes.

Chapitre XXXV.

Les Pâques Piémontaises (1655).

Le plan infernal, médité par la Propagande, n'était différé que de peu de temps. Des faits sans gravité, et dont les auteurs étaient de simples particuliers, furent considérés comme des offenses sanglantes contre la religion de l'Etat, et attribués au corps des Vallées; d'atroces calomnies furent lancées contre Léger, avec l'inévitable intimation d'aller se justifier à Turin.

Le jour de Noël 1654, quelques jeunes gens de la Tour, voulant faire le charivari à un vieillard qui épousait une jeune fille, hissèrent l'âne du mari sur le toit du four communal et, après avoir placé devant lui un livre ouvert, ils se mirent à danser et chanter tout autour. On les accusa d'avoir voulu parodier les cérémonies du culte romain, bien qu'une partie de ces jeunes gens fussent de familles catholiques. Quatre mois plus tard, le duc n'avait pas honte, dans une lettre aux Cantons protestants, de répéter cette accusation idiote pour excuser les massacres.

Les privilèges des Vallées venaient d'être confirmés en 1653; néanmoins, en contradiction directe avec le traité de Cavour, le 25 janvier 1655, parut l'édit cruel dont l'exécution fut confiée à l'Auditeur Gastaldo.

Cet édit ordonnait aux Vaudois d'abjurer, ou de se retirer, dans le terme de trois jours, des territoires de Campillon, Fenil, Bubiane, Briquéras, S. Second, Luserne S. Jean, et de celui de la Tour jusqu'au Billon.

Malgré l'injustice criante de cet ordre, donné en plein hiver, il n'y eut pas une seule famille qui ne préférât une retraite désastreuse sur la montagne couverte de neige à une abjuration de la foi évangélique. Ils avaient à peine quitté leurs demeures qu'elles étaient saccagées par des bandes de pillards, accourus des communes voisines, qui rentrèrent chez eux chargés de butin, après avoir livré le reste aux flammes. Les protestations des Vaudois à Gastaldo ne recevant que des réponses dérisoires, plusieurs suppliques furent adressées au prince ; mais son ministre, le marquis de Pianesse, ne jugea pas à propos de les lui présenter.

Alors des députés descendirent à Turin. On les y retint quelque temps par des paroles ambigües. Enfin, Pianesse leur fixa une audience pour le 17 avril ; mais il se mit en marche la nuit précédente et, le matin du 17, il envahissait le Val Luserne, à la tête de cinq cents fantassins et deux cents cavaliers. Ces troupes étaient suivies de près par des régiments piémontais, français et bavarois, atteignant, d'après les documents officiels, le total de dix régiments de ligne, cinq de l'élite des milices communales du Piémont, et vingt-huit compagnies de cavalerie ; en tout, plus de quinze mille hommes.

La Cour avait, en même temps, fait défendre, par le gouverneur français de Pignerol, à ses administrés de secourir leurs frères.

Le prétexte qu'on mettait en avant était celui de trouver des cantonnements pour les troupes, bien que les Vallées dussent en être exemptées, les ayant fournis en 1654. S. Jean étant ruiné, l'armée se porta à l'entrée de la Tour Quatre cents Vaudois, commandés, paraît-il, par le capitaine Jahier, résistèrent vaillamment jusqu'à ce qu'Amédée de Luserne vint les prendre à dos par la Ruà des Bruns, après avoir franchi l'Angrogne en aval du bourg. Les défenseurs se retirèrent sur la colline. La lutte, qui avait duré trois heures par un superbe clair de lune, cessa à une heure du matin ; et l'armée, jointe aux catholiques de la Tour, chanta le Te Deum devant la chapelle du couvent. Aux notes sacrées se mêlaient les cris de : « Vive la sainte église romaine ! Vive la sainte foi! Malheur aux Barbets ». Pianesse fit son entrée à 5 heures et logea au couvent.

La croisade commençait. C'était le jour des Rameaux; les soldats, lancés sur les hameaux des environs, sanctifièrent ce jour en se livrant aux pires excès, bien que la *costière* de la Tour ne fût pas comprise dans l'ordre de Gastaldo. Ces brigands étaient commandés par le capitaine Mario Malingri, des comtes de Bagnol.

Les lundi et mardi, 19 et 20 avril, les soldats, répartis en des corps plus nombreux, attaquèrent les postes vaudois de Castelus de S. Jean, du Chabas et du Taillaré, mais ils furent partout repoussés. Jahier se signala dans la dernière de ces localités.

Ces revers induisirent Pianesse, digne émule du Comte de la Trinité, à user de fourberie. Le 21, il convoqua les députés des communes et leur dit qu'il regrettait les excès commis par la soldatésque; il termina en demandant qu'on voulût bien recevoir pour deux ou trois jours un régiment d'infanterie et deux escadrons de cavalerie dans chàcune des communes d'Angrogne, Villar et Bobi. Il les assura que le duc, satisfait de cette marque de fidélité, rappellerait aussitôt les troupes.

Malgré l'opposition de quelques-uns, auxquels la loyauté de ces suppôts du pape était justement suspecte, les Vaudois donnèrent leur consentement, et le soir même les régiments se mirent en marche. Mais, au lieu de s'arrêter dans les hameaux inférieurs, ils s'efforcèrent de monter, avant la nuit, jusqu'aux alpages. Le soupçon d'une trahison se changea en certitude quand l'on eut vu que, pendant que le régiment attendu à Angrogne y montait par la route communale, d'autres troupes s'y étaient dirigées par la colline de la Tour brûlant et massacrant sur leur passage.

A cette vue, plusieurs Vaudois s'enfuirent; quelquesuns, qui étaient restés pour défendre l'entrée du Pradutour, purent arrêter l'ennemi jusqu'à cè que les familles, qui s'y étaient réfugiées, eussent atteint le Bagnôu, pour descendre, à travers les neiges, dans la vallée de Pérouse. C'est alors que le commandant Du Petitbourg se retira, indigné de ce qu'on l'eût fait servir à une trame aussi noire.

Les régiments, cantonnés au Villar et à Bobi, se continrent d'abord, et invitèrent ceux qui s'étaient enfuis à rentrer paisiblement dans leurs foyers. C'est que le signal du massacre ne devait être donné que le matin de Pâques, 24 avril, à 4 heures, au moyen d'un feu allumé sur les ruines du Castelas de la Tour.

Alors commença, dans toute la vallée, une horrible tuerie d'hommes et de femmes, de vieillards et d'enfants. Heureux ceux qui recevaient tout de suite un coup mortel, tandis que la plupart durent subir des tortures effroyables et les derniers outrages.

Les atrocités inénarrables, auxquelles se livra la soldatesque effrénée, ont été rapportées par des témoins oculaires et consignées dans deux ouvrages contemporains, ceux de Morland et de Léger. Elles sont d'ailleurs confirmées par des témoignages de source catholique. Mais notre époque ne permet plus de décrire les infamies que l'imagination de ces monstres exécrables inventa pour martyriser leurs victimes.

En même temps, les maisons étaient incendiées, les arbres fruitiers et les vignes coupés. Un capucin et un prêtre veillaient à la destruction des lieux de culte.

Quand les massacreurs furent las de tuer et torturer, ils commencèrent à traîner en prison ceux qui tombaient entre leurs mains, soit dans le but de donner aussi aux bourgs de la plaine le spectacle d'un supplice, soit pour les entasser dans les prisons-infectes de Luserne et de Turin, où un grand nombre moururent. Les enfants furent dispersés dans tout le Piémont pour être élevés dans la religion de ceux qui avaient égorgé leurs parents.

Les villages, où les soldats purent atteindre et massacrer les plus grandes agglomérations de personnes, furent la Sarsenà à Bobi, où s'étaient réfugiés de nombreux Vaudois de la plaine, et le Taillaré, à la Tour, où cent cinquante femmes et enfants eurent la tête coupée, après avoir été les objets des plus ignobles traitements.

On poursuivit les fuyards jusque sur les plus hautes montagnes. Ceux d'Angrogne, avec leur pasteur Michelin, et Léger, avaient, pour la plupart, pu se retirer sur la rive gauche du Cluson, qui était française. Mais ceux qui, de Villar et Bobi, essayèrent de franchir les cols Julien et de la Croix, furent en grand nombre rejoints par les soldats avides de carnage, ou bien ils moururent de froid dans les neiges ou ensevelis sous les avalanches. Une de celles-ci entraîna en une fois trente-six personnes du Villar, sans qu'une seule pût se sauver. Peut-être doit-on à ce fait lugubre le nom de Plan des Morts que porte un plateau sur la route de Bobi au Col la Croix.

Toutefois, s'il faut en croire les mémoires locaux, non moins de quatre cents femmes se réfugièrent dans le seul vallon de Molines, en Queyras.

Des documents officiels, du 2 mai, accusaient 160 morts à Bobi et 150 au Villar. Les données manquent pour les autres communes, mais un document contemporain les évalue à 1712 dans toute la vallée, outre ceux qui moururent dans les prisons ou pendant les combats qui suivirent.

Il nous reste à parler de Rora.

Chapitre XXXVI.

Rora et Josué Janavel (1655).

La petite commune de Rora n'avait pas été requise de loger des troupes ; Christophe Rorengo, qui en était le seigneur, leur avait assuré qu'ils n'avaient rien à craindre.

Néanmoins quand le signal eut été donné, au matin du jour de Pâques, ce même comte se mit à la tête de cinq cents soldats, remonta *l'envers* du Villar jusqu'à la Sea de Goudran et descendit vers Rumer pour fondre sur Rora. Ils se croyaient déjà maîtres du village lorsque, dans une gorge, ils se virent assaillis par sept hardis montagnards. Cette résistance audacieuse et inattendue, qui faisait supposer que l'ennemi se cachât en nombre derrière les roches, étonna l'avant-garde. Voyant tomber tous ceux qui s'aventuraient sur l'étroit sentier, les soldats, éperdus, commencèrent à plier, puis à gravir la pente aussi vite que possible, faisant faire volte-face aux pelotons qui descendaient encore. Les sept Vaudois, traversant le bois de Sounseï, marchaient au-dessus d'eux, les décimant à coups d'arquebuse, jusqu'à ce qu'ils eussent tous disparu du vallon. Soixante morts jalonnaient le chemin de leur retraite.

Le brave qui avait osé entreprendre une résistance aussi périlleuse s'appelait Josué Janavel.

La famille Janavel, en italien Gianavello, dite aussi, alors comme aujourd'hui, Gignous, était originaire de Bobi, et s'était établie à Liorato, aujourd'hui la Gianavella, dans la région supérieure des Vignes de Luserne.

Josué, fils de Jean Janavel, y était né en 1617. En 1655, il était le plus grand propriétaire vaudois de son quartier.

JOSUE JANAVEL

Comme Luserne était comprise dans l'édit de Gastaldo, les Vaudois des Vignes, après quelque résistance contre les pillards, s'étaient retirés à Rora avec leurs familles. On retrouve parmi eux les frères Josué, Joseph et Jacques Janavel, Etienne Revel, lieutenant de Janavel, et quelques autres.

Ils n'avaient pas, comme les habitants de Rora, une confiance aveugle dans le comte Christophe, et leur vigilance avait arraché à une mort certaine toute la population de la commune.

Le lendemain, six cents hommes parurent de nouveau sur la Collette de Cassuler. Cette fois Janavel avait seize compagnons dont six armés de simples frondes. Malgré leur petit nombre, placés par leur chef sur trois points différents, ils laissèrent parvenir les ennemis jusque sous le feu de leurs armes et, après une première décharge, ils roulèrent sur eux d'énormes rochers qui achevèrent la déroute. Plus de 50 morts jonchaient le terrain.

Pour préparer une nouvelle attaque et probablement aussi pour connaître les forces des défenseurs, le comte Rorengo monta dans la commune, qu'il aurait dû protéger, et dit à ses sujets que ces deux agressions étaient dues à de faux rapports qui avaient été faits contre eux, mais qu'ils ne devaient plus rien craindre désormais.

Au contraire, le lendemain, Rora était envahie de tous côtés, mais non simultanément, parceque les différents corps s'attardaient à piller et incendier. Ils tendaient tous vers Rumer, où la population du vallon s'était réfugiée. Après une ardente prière de Janavel, les dix-sept se portèrent à Ramasser, au devant de la première bande, la surprirent échelonnée en une longue file sur un sentier et la forcèrent à se replier sur Pian Pra, sans combattre. Les Vaudois les y prévinrent par un chemin plus direct ; lorsque les soldats se trouvèrent de nouveau en face de ces montagnards infatigables, ils se jetèrent en désordre à travers les bois et s'enfuirent

9

les uns vers le Villar, les autres vers la Tour, abandonnant le bétail et le reste de leur butin. Les autres bandes n'approchèrent pas de Rumer.

Afin d'en finir avec cette poignée de Vaudois, Pianesse convoqua à Luserne les milices des communes avoisinantes. Celles de Bagnol fûrent ponctuelles; le capitaine Mario qui les commandait, désirant avoir toute la gloire de la journée, partit avec ceux qu'il trouva présents, notamment un corps d'Irlandais, chassés de leur patrie par Cromwell.

Mario les divisa en deux bandes pour prendre Rumer entre deux feux. Janavel occupa une éminence, qui les dominait tous, puis il les affronta. Après une lutte acharnée, les croisés, laissant soixante-cinq morts, commencèrent à s'enfuir à la débandade

Ils essayèrent de se rallier près de la colossale Peira de Ciapel, mais sans y réussir, et leur retraite devint une déroute meurtrière dans cette région, où de mauvais sentiers serpentent entre des rochers à pic. Plusieurs glissèrent jusque dans les eaux glacées de la Luserne. Mario, extrait du *Toumpi Gratin* par quelques soldats, contracta, dans ce bain involontaire, une maladie qui l'enleva peu de temps après.

Cependant, d'autres troupes étaient montées depuis le Villar. Ignorant le sort de leurs compagnons, elles pensaient prendre les Vaudois par derrière. La tactique de Janavel réussit encore à les repousser. Après une aussi rude journée, il fit agenouiller ses soldats pour rendre grâce au Dieu des armées, avant de redescendre auprès de leurs familles.

Finalement, au commencement de mai, Pianesse organisa une attaque générale de toutes les troupes dont il pouvait disposer; Léger les évalue à 10.000 hommes. Un corps partit du Villar, un autre de Luserne; d'autres, venant par les alpages de Bagnol, occupèrent le Cournour, d'où il était facile de descendre sur Rumer.

Janavel repoussa, à la Balme, les premiers qui parurent, mais il ne put empêcher que, pendant ce temps, les autres ne se jetassent, par centaines et par milliers, sur le hameau. Et ces héros invincibles durent assister, de loin, au massacre de leurs familles, là aussi accompagné de tourments sans nom. Les victimes furent au nombre de cent-vingt-six, parmi lesquelles la sœur de Janavel, la femme de Revel et celles d'autres de ses compagnons. Catherine Janavel, femme du capitaine, fut emmenée avec ses trois filles.

Pianesse voulut se prévaloir de cette capture pour vaincre la résistance de ce vaillant champion. Il lui écrivit qu'il lui offrait une dernière fois, au nom du duc, sa grâce et la libération de sa famille, s'il abjurait; mais que, s'il s'obstinait, il s'emparerait de sa personne sans avoir besoin de combattre, en mettant sa tête à prix, et que les prisonnières seraient brûlées vives.

Janavel répondit: « Il n'y peut point avoir de tourment si cruel, ni de mort si barbare, que je ne la préfère à l'abjuration de ma Religion, dont tant s'en faut que toutes les menaces soient capables de me détourner, que tout au contraire elles m'y fortifient encore davantage. Que si le Marquis fait passer ma Femme et mes Filles par les flammes, elles ne pourront consumer que leurs pauvres corps; pour leurs âmes je les recommande entre les mains de Dieu, aussi bien que la mienne, en cas qu'il luy plaise de permettre que je tombe entre ses mains, ou entre celles de ses bourreaux ».

Cependant, comme il ne lui restait plus rien à défendre dans son vallon désolé, et que les vivres et les munitions de ses hommes étaient épuisées, il chargea sur ses épaules son fils unique, âgé de huit ans, qui était caché au Villar, passa la frontière avec ses compagnons d'armes et se réfugia en Queyras.

Chapitre XXXVII.

Etat des Vallées au lendemain des massacres.

Le capitaine Jahier (1655).

La Cour de Turin et le clergé se félicitaient ouvertement de la désolation des Vallées. Christine écrivait à un jésuite, qui avait pris part à l'expédition :

« La relation que vous nous avez envoyée, sur les succès obtenus contre les hérétiques de ces Vallées, nous a extraordinairement plû. S. A. R., mon fils bien-aimé, est infiniment reconnaissant envers la bonté de Dieu de ce qu'il ait voulu réserver au temps de son gouvernement l'extermination du plus ancien séminaire de l'hérésie ».

Un auteur capucin, rappelant en des termes élogieux l'action des troupes ducales, raconte que « le marquis de Pianesse permit qu'on égorgeât de nombreux coupables des deux sexes ».

Le pape Alexandre VII félicita le duc d'avoir « affligé l'hérésie par un grand massacre, d'en avoir remporté de très grandes dépouilles et, après avoir vaincu les hérétiques, de les avoir contraints à subir le joug de la foi ».

Par contre, dans les autres pays, l'effroyable tuerie des Vaudois provoqua une telle horreur que la Cour de Savoie crut devoir publier une relation de ce qui s'était passé, niant que la religion eût été en jeu dans cette répression, et assurant que les troupes avaient agi avec toute la douceur possible.

Un mensonge officiel aussi effronté ne trompa personne. Et, pendant que les églises protestantes faisaient de grandes collectes en faveur des pauvres proscrits, les gouvernements écrivaient au duc pour blâmer ouvertement les actes de barbarie qu'ils savaient avoir été accomplis. Les Etats, qui montrèrent le plus d'énergie en cette occasion, furent la Suisse, les Pays-Bas et l'Angleterre, comme on le verra plus loin.

Ce fut le modérateur Léger qui réveilla l'intérêt des Puissances pour l'Israël des Alpes opprimé, au moyen de ses écrits et des récits des atrocités qu'il avait vues de ses yeux ; il visita en effet, à cette époque, la plupart des Cours protestantes de l'Europe.

Bien que les auteurs catholiques refusent d'admettre la véridicité de sa narration, les supplices qu'il décrit minutieusement sont confirmés, au moins en partie, par les mémoires d'un personnage, qui accompagnait les troupes. Il raconte entre autres que « deux hérétiques furent tués et écorchés et qu'à l'un d'eux, après lui avoir arraché le cœur, on enferma un chat dans son corps pour qu'il lui dévorât les entrailles ».

Les prisons de Luserne et de Turin regorgeaient de captifs, qu'on abreuvait d'outrages et de supplices, et qui mouraient en grand nombre, d'autant plus qu'on se plaisait à laisser dans leurs caveaux les cadavres de ceux qui les avaient précédés dans le repos éternel. D'autres, après de longues souffrances, placés entre l'alternative de la mort et de l'abjuration, choisirent cette dernière. Le clergé triomphant publia les noms de ces quarante malheureux, qui avaient à leur tête les pasteurs de Bobi et du Villar, Gros et Aghit.

Au Val Luserne tout parlait de morts et d'incendies : les quartiers déserts, les maisons ruinées, les plantations coupées et arrachées, les cadavres mutilés gisant épars, et devenant la pâture des fauves. Seuls les chefs-lieux furent épargnés, dans l'intention d'y établir les Irlandais, qui s'étaient signalés par leur cruauté dans les massacres.

Le 2 mai, on évaluait comme suit la population de Bobi : 116 présents catholisés, 160 morts, 32 en France, 10 en prison, 40 enfants dispersés en Piémont. Le 10 mai, au Villar : 488 catholisés, 150 morts, 20 en France,

4 en prison, 25 enfants en Piémont. De la Tour, 107 catholisés, recueillis au Villar.

Les territoires de la Tour (excepté les maisons des catholiques du bourg), Rora, Angrogne et S. Jean étaient entièrement dépeuplés.

La vallée de Luserne était donc toute conquise à la foi catholique; restaient l'*envers* de celle de Pérouse et celle de S. Martin.

Le 28 avril, Gastaldo avait ordonné aux Vaudois de ces Vallées d'en sortir dans vingt heures et de vendre leurs biens dans trois jours, ou bien d'abjurer. Plusieurs passèrent sur terre française, et aussitôt le marquis Galéas Villa, avec 250 soldats, parcourut le Val Pérouse sans y trouver un seul Vaudois, incendiant les temples et les maisons, ravageant les campagnes.

Au Val S. Martin, les habitants des hautes communes, de Pral à Maneille, promirent d'abjurer, au cours d'une promenade militaire du marquis. Les autres, surtout ceux de Riclaret, refusèrent net et sortirent de la vallée, abandonnant leurs biens à la fureur avide des pillards. La seule victime fut Antoine Guigou, de Pral, qui se jeta dans le torrent pour ne pas être contraint à apostasier.

Pendant que les soldats retournaient de Maneille à Pral, pour confirmer dans leur nouvelle foi les catholisés, le capitaine Jahier pénétrait dans la vallée.

Barthélemi Jahier, en italien Giaiero, était né à Pramol, d'une famille d'où sont sortis, avant et après lui, plusieurs capitaines des milices communales. Nous l'avons vu, l'un des premiers qui étaient accourus des autres vallées au secours du Val Luserne, repousser, le 2 avril, l'assaut donné au Taillaré.

Jahier réunit 150 hommes, parmi ceux qui s'étaient réfugiés dans les communes françaises du bassin du Cluson. Il eut son frère Jacques pour collègue, et Andréon, de Costabelle à Pramol, pour lieutenant.

Le 6 mai, à minuit, cette bande surprenait le Perrier et s'emparait des vivres et du bétail que les pillards y avaient amassés ; après avoir livré aux flammes ce bourg, alors tout catholique, il repassa la montagne des Muret et alla déposer son butin au Val Cluson. Il emmenait prisonniers deux capucins et un des seigneurs de la vallée, qu'il ne tarda pas à remettre en liberté.

Le 11 mai, avec sa troupe qui atteignit, paraît-il, le nombre de cinq cents hommes, il retourna au Val St. Martin. Villa en était sorti après l'avoir réduit en un désert. Le bouillant capitaine imposa aux Pralins et aux autres apostats de prendre une part directe à son plan de reconquérir les Vallées, s'ils ne voulaient être traités en ennemis.

Traversant alors le Val Pérouse dans toute sa longueur, Jahier alla saccager Miradolo et les environs de S. Second. Restait la Vallée de Luserne ; pour la rendre à ses légitimes possesseurs, il vint camper à Angrogne. C'est là que nous le retrouverons.

Chapitre XXXVIII.

La Vallée de Luserne est reconquise par les Vaudois.
(1655).

Pendant son séjour dans les paroisses hospitalières du Queyras, Janavel avait aussi constitué une petite compagnie de réfugiés vaudois. Bien armés et fournis de vivres et de munitions, ils franchirent la montagne et vinrent mettre leur camp à la Pelà des Geymets, chalets de l'Envers du Villar, vers les hauteurs de Rora.

Il ne tarda pas à signaler son arrivée. Le soir du 22 mai, il marcha sur Bubiane dans le but de faire quelque prisonnier de marque pour pouvoir racheter sa famille. Mais il trouva cette bourgade pleine de soldats et ce ne fut que par un mouvement très habile qu'il put échapper à la garnison de Luserne, qui tenta de lui fermer la retraite. Ils n'eurent ni morts ni blessés, sauf que Janavel lui-même reçut dans une jambe une balle qu'il garda jusqu'à la fin de ses jours.

Apprenant que Jahier était à Angrogne, Janavel s'y rendit avec les siens, le 27 mai. Leurs forces unies se montaient à sept ou huit cents hommes. Ce même jour ils allèrent attaquer Garsillane, mais sans de grands résultats, les troupes à pied et à cheval étant accourues de toutes les communes environnantes.

Le lendemain, ils assaillirent S. Second, défendu par un régiment irlandais et quelques autres troupes. Ceux qui le purent, soldats et habitants, se renfermèrent dans le château du comte et surtout dans une grosse tour. Les Vaudois la forcèrent en y donnant le feu, et passèrent tous les défenseurs au fil de l'épée. Dans le sac du village, ils reconnurent de nombreux objets leur appartenant. Cette journée leur coûta sept morts.

Le 3 juin, Jahier incendia S.te Catherine et St. Michel, et attaqua Briquéras, pendant que Janavel arrêtait les secours venant de Luserne et la Tour.

Peu de jours après, Janavel se trouvait à Malbec pour contraster le passage d'un convoi, destiné au fort de Mirabouc. Ayant de nouveau porté son camp à la Pelà, il envoya aux catholisés de Villar et Bobi l'intimation de se joindre à lui s'ils voulaient être traités en frères. C'est ce qu'ils firent.

Ainsi, les Vaudois étaient rentrés en possession de la Vallée de Luserne, exception faite des bourgs de la Tour et de Luserne, qui avaient des garnisons.

Après deux assauts contre la Tour, les deux capitaines et 450 hommes partirent pour saccager Crussol, dans la vallée du Pô, dont les habitants avaient pris part à la désolation des Vallées. Ils y arrivèrent le matin du 12 juin après une marche nocturne. Les habitants avaient eu le temps de se cacher dans la profonde et pittoresque Balme du Riou Martin. Les Vaudois firent un grand butin et partirent en poussant devant eux quatre cents vaches et plus de six cents brebis ou chèvres. Ils en firent le partage à la Ciabrarëssa, alpage du Villar.

Pendant ce temps, les quelques hommes qui étaient restés à Angrogne, avec les capitaines Laurens, Jacques Jahier et Benet, avaient été attaqués furieusement sur les confins de Rocheplate ; mais ils avaient pu conserver leurs positions.

Barthélemi Jahier et la plupart des Vaudois se rendirent ensuite au Val Cluson pour y vendre le butin, pendant que Janavel attaquait Luserne.

Mais le 18 juin fut pour eux une journée funeste. Jahier n'était pas rentré comme il l'avait promis, lorsque Janavel, qui n'avait que trois cents hommes, se vit débordé de quatre côtés par les troupes ducales. Abandonnant le Verné, hameau du centre d'Angrogne, dont ils avaient fait leur quartier général, il occupa une éminence, où il se défendit avec acharnement jusqu'à deux heures après midi. A ce moment, remarquant des signes de lassitude chez les assaillants, il fit une sortie vigoureuse qui décida de la déroute des ennemis.

Les Vaudois leur causèrent de fortes pertes en les poursuivant. Comme ils remontaient pour se reposer et prendre enfin quelque nourriture, ils rencontrèrent Jahïer et les siens. Aussitôt on décida de surprendre les troupes qui se ralliaient dans la plaine de S. Jean. Attaqués de deux côtés à la fois, les ducaux perdirent trois officiers et de nombreux soldats.

Mais une balle frappa Janavel, lui passant la poitrine de part en part. Il perdait le sang à flots par la bouche et chacun le crut perdu. On put cependant le transporter à Pinache, où les meilleurs soins lui furent prodigués.

En laissant à Jahier le commandement unique, Janavel lui avait recommaudé de donner du repos à ses hommes. Mais ce chef infatigable, écoutant un traître, voulut avec 150 soldats choisis aller saccager, dans la nuit, les environs d'Osasc, où il devait trouver un riche butin. Arrivé aux dernières diramations de la colline, laissant en arrière un tiers de sa troupe, il se dirigea vers Osasc. Tout à coup, il se trouva enveloppé par l'escadron de cavalerie, qui allait monter la garde à Briquéras.

Comprenant que tout était perdu, il tua d'abord le traître, puis il se disposa à vendre chèrement sa vie, entouré de son fils et de ses cent compagnons. Ils succombèrent tous après des prodiges de valeur.

La tête de Jahier fut coupée et portée en triomphe à Turin pour avoir la récompense promise, qui était de six cents ducats, le double du prix mis sur celle de Janavel.

Mêlés à de nombreux cavaliers, morts dans cette lutte, on compta les corps, criblés de blessures, de quatre-vingt-trois Vaudois. Une vingtaine s'étaient traînés, à la faveur de la nuit, jusque vers Miradolo, mais on les trouva morts le lendemain sur les chemins et dans la Ciamougna. Un seul, David Arduin, eut encore la force de passer le Cluson à la nage, et put apporter la sanglante nouvelle à ses frères, réfugiés au Villar Pérouse.

Ceux qui restaient à Angrogne ne perdirent pas courage et confièrent le commandement à François Laurens, des Clos, et à Jacques Jahier, le frère du capitaine. Ils se retranchèrent sur le riant plateau de la Vachère, abrités derrière le massif rocailleux du Castelet, appelé aussi la Gavia ou le Bal.

La nuit était à peine passée que toutes les forces de la vallée montaient pour les dénicher. Cependant l'avantage demeura aux Vaudois, après un combat acharné. C'est alors que mourut Michel Bertin, capitaine d'Angrogne. Dans l'ardeur de la mêlée, son brave fils Jean, après avoir mis en sûreté la dépouille de son père, harangua en peu de mots ses compagnons, puis il les conduisit à l'assaut et fut reconnu capitaine.

Ils eurent ensuite quelques jours de relâche, interrompus le 23 par une escarmouche sur la colline de la Tour.

En attendant, ils se voyaient renforcés par plusieurs Huguenots et Suisses, parmi lesquels deux officiers habiles, Andrion et Descombies. Léger arriva aussi de sa tournée auprès des princes protestants, dont il promettait l'intervention.

Le 12 juillet, quelques milliers de soldats, montés à l'assaut, trouvèrent les Vaudois barricadés aux Casses, enfoncement encombré de rochers roulés et dominé par le Castelet. Un corps ennemi occupait la Sommette pour protéger le flanc des assaillants.

Grâce à leur nombre, ils purent forcer le passage, et ils gravissaient déjà le Castelet lorsqu'ils furent arrêtés par les frondeurs, et par les blocs qu'on faisait rouler sur eux. Ils sonnèrent la retraite, protégés par l'aile qui avait occupé la crête sans prendre part au combat. Ils purent ainsi emporter les blessés, mais ils laissèrent sur la place cinquante-cinq morts ; quarante autres périrent pendant la retraite.

D'autres rencontres sans importance eurent lieu les jours suivants, pendant que Descombies, qui venait de recevoir le commandement en chef, donnait aux Vaudois une organisation régulière, et que Feautrier, réfugié de la Vallée de Barcelonnette et établi à la Tour, équipait un escadron de soixante-dix cavaliers.

Le matin du 28 juillet, avec un millier d'hommes, ils se présentèrent à l'entrée occidentale de la Tour, mirent le feu au couvent, firent prisonniers tous les moines et poussèrent jusqu'au fortin de la Munition, qu'on venait de bâtir à l'extrémité orientale du bourg. L'arrivée de la garnison de Luserne, qu'un corps de Vaudois avait arrêtée quelque temps sur la Colline de Rabi, les empêcha de poursuivre leurs succès.

Janavel convalescent assistait de loin à ce combat.

Les Vaudois méditaient d'autres coups de main lorsque, à la suite de l'intervention des ambassades protestantes, le duc promulgua une trêve qui fut renouvelée à plusieurs reprises jusqu'à la paix.

Malgré l'armistice, quelques catholiques incendièrent la maison de Léger, à S. Jean, pour qu'il ne pût la retrouver intacte ; les Vaudois, par représailles, en détruisirent d'autres. Ainsi finit cette guerre, après plus de trois mois de combats.

Chapitre XXXIX.

Les députations protestantes et la paix de Pignerol.
Violations de la Patente de grâce (1655-1663).

Dès le mois de mai, les Cantons Protestants, la Hollande et Cromwell, Lord Protecteur d'Angleterre, avaient envoyé à Turin des ambassadeurs pour protester contre les atrocités qui avaient été commises et pour appuyer la cause des opprimés. Mais ce ne fut qu'à la fin de juillet que le duc se décida à convoquer une conférence à Pignerol, terrain neutre, où devaient se réunir les représentants du duc, ceux des Puissances protestantes, le résident de France, Servient, et les députés des Vallées.

Le délégué anglais, Morland, et celui des Pays-Bas avaient écrit qu'on attendît leur arrivée. Mais la conclusion de la paix fut hâtée, au détriment des Vaudois, car l'intervention énergique de Cromwell n'aurait pas manqué de peser dans la balance.

Les députés des Vallées défendirent avec acharnement chacun de leurs privilèges contre les ministres de Charles Emmanuel, qui prétendaient que l'accord ne devait comprendre qu'Angrogne, Rora, le Villar et Bobi. On finit cependant par y inclure, non seulement les deux autres Vallées, mais la Tour, Luserne et S. Second, sauf les chefs-lieux des deux dernières communes.

La conférence s'était ouverte le 31 juillet, les députés suisses arrivèrent le 4 août, et le 18 le traité fut signé. Le duc voulut l'appeler Patente de grâce !

Les conditions principales en étaient:

1) amnistie générale ;

2) les Vaudois vendront leurs biens situés à Gar-

sillane, Campillon, Fenil, Bubiane, Lusernette et Briquéras, ainsi que dans les bourgs de Luserne et S. Second. (Cet article dépossédait une centaine de familles);

3) il n'y aura plus à S. Jean ni temple ni prédication;

4) le culte romain sera partout rétabli;

5) les prisonniers, et les enfants enlevés, seront
rendus sans rançon. (Parmi les captifs qui revinrent de
Turin, on retrouve la femme de Janavel et sa fille Marguerite. La plupart des enfants ne furent pas rendus).

Une conséquence de cette Patente fut aussi la séparation, dans chaque commune, des *registres* vaudois
et catholique, de manière à ce que le premier concou-
rait aussi aux frais du culte romain, tandis que les Vaudois devaient pourvoir, à eux seuls, au culte réformé.

Le bourg de Luserne et les autres propriétés catholiques formèrent une commune à part; la plus grande
partie du territoire, comprenant le *foresto di S. Giovanni*
et les Vignes, constitua la commune vaudoise de S. Jean.
De même, les Vaudois de Prarustin et S. Barthélemi
furent détachés de S. Second.

En 1660-1661 les quelques catholiques du Val S.
Martin furent organisés en une nouvelle commune, celle
du Perrier.

Ce qui aggravait singulièrement la condition des
Vaudois fut qu'ils ne pouvaient plus acheter la propriété
d'un catholique, tandis que ceux-ci recevaient même des
subventions pour devenir propriétaires dans les Vallées.

D'ailleurs, la Patente fut constamment violée par les
autorités ducales, ce qui ne pouvait manquer de rallumer
la guerre civile. Voici quelques-uns des moyens employés
pour éluder l'exécution du traité.

Ce qui avait toujours fait la force des Vaudois, c'était
leur union. Les adversaires réussirent enfin à la briser.

Les collectes, que les églises protestantes avaient
généreusement faites pour relever les ruines des Vallées,
avaient servi à assigner à chaque famille une assez jolie
somme; une partie avait été capitalisée par le gouver-

nement anglais pour assurer les honoraires des pasteurs et des maîtres d'école.

On répandit le bruit que Léger et Janavel avaient retenu des fonds pour leurs fins particulièrs. Les comptes furent revus et trouvés exacts par le Synode du Dauphiné ; cependant le gouvernement piémontais intervint pour protéger les quelques Vaudois qui réclamaient, envenimer les passions et aliéner l'amour et le respect du peuple pour ses deux chefs.

Dans un article secret du traité de Pignerol, le duc promettait de démolir le fortin de la Tour. Il fut rasé, en effet, mais aussitôt remplacé par un fort, élevé sur les ruines du Castelas, qui avait été détruit par Lesdiguières. Il reçut garnison avant la fin de 1655. Peu de temps après, on bâtit le Touras de S. Michel, sur l'ancien emplacement du château de Luserne.

Ces deux garnisons se rendirent bientôt coupables de toute espèce de violences, rapines, meurtres, qui demeuraient invariablement impunis. Le comte de Bagnol, le plus exécrable des gouverneurs qui se succédèrent au Fort de la Tour, ne fut puni de mort que plus tard, lorsque, comme Castrocaro, il eut offensé des courtisans plus puissants que lui.

Une famille de Lusernette ayant quitté sa maison, celle-ci fut occupée par un catholique avant que le prix en eût été remboursé. Janavel et ses acolytes allèrent la piller, ce qui donna origine à de longues procédures.

Le 15 juillet 1657, par une violation ouverte de la Patente, Gastaldo défendit quelconque assemblée à St. Jean, même l'école, à moins qu'on n'y parlât pas de religion. Le Consistoire persista à tenir le cathéchisme et l'école, de crainte de perdre, par une suspension, l'usage des privilèges de 1561. Alors, au commencement de 1658, le pasteur Léger et les anciens Danne, Favout, Curt, Combe, Bianchi et Bastie, furent mandés à Turin pour répondre touchant le catéchisme, qui avait été célébré dans la maison communale.

On continua aussi à fouler aux pieds leur droit d'être jugés, en première et deuxième instances, à Luserne, avant d'être appelés à Turin. Et les condamnations en contumace reprirent de plus belle.

Jean Fina, de la Tour, qui avait obéi à l'intimation, fut absous, après une année de prison, pendant laquelle il avait consumé tout son bien et ruiné sa santé. Les autres recommencèrent les prouesses des bannis de tous les temps.

On attribua à Léger et à Janavel de nombreux méfaits dont ils étaient innocents. On trouve même des auteurs catholiques qui imputent à Léger des crimes commis aux Vallées, à une époque où il était à l'étranger.

De longues négociations retardèrent la sentence au sujet des assemblées de S. Jean. Elle fut prononcée le 12 janvier 1661. Elle condamnait Léger à la pendaison et ses anciens à dix ans de galères.

Léger, pendu en effigie, resta encore quelques mois aux Vallées, toujours guetté par des assassins, ce qui le forçait à se faire accompagner d'une escorte. En septembre 1661, il quitta définitivement sa patrie et en 1662 il fut élu pasteur de l'église wallonne de Leyde. Il interrompit souvent son ministère pour plaider encore la cause de son peuple auprès des Puissances. Il mourut dans cette ville en 1670.

CHAPITRE XL.

Guerre des bannis.
Fin du règne de Charles-Emmanuel II
(1663-1675).

C'est en 1663 que le gouvernement du Fort de la Tour fut assigné à Barthélemi de Bagnol, qui s'était distingué, aux côtés de son oncle Mario, dans les brigandages de 1655. Grâce à lui, la sûreté publique fut si fort compromise qu'en mai presque tous les Vaudois de la Tour, de S. Jean, des Vignes et de Rora se réfugièrent sur les hauteurs, ou sur terre française.

Il leur intima l'ordre de rentrer dans leurs maisons avant le 10 juillet; mais, dès le 6, des troupes envahissaient les Vallées. C'est ainsi que commença la guerre dite des bannis. Ce nom est dû au fait que, bien que tous les Vaudois aient eu à en souffrir, il n'y eut qu'une petite partie d'entre eux qui y prît une part active, afin d'obtenir la grâce de ceux auxquels ils devaient d'avoir pu rentrer dans leurs biens en 1655.

Janavel déploya, dans cette guerre, les mêmes qualités stratégiques et le même courage indomptable qui lui avaient valu sa renommée.

Le 6 juillet, donc, les troupes envahissantes, commandées par les marquis de Fleury et d'Angrogne, et la garnison du Fort, sous les ordres de Bagnol, montèrent de deux côtés contre Angrogne. Ceux qui étaient venus de S. Second et Briquéras, repoussés à la Porte d'Angrogne par une centaine de braves, reculèrent jusqu'aux Pians. Bagnol fut défait à Roccia Manéoud et poursuivi jusque dans la vallée. Après quoi, les deux détachements vainqueurs se réunirent et allèrent déloger ceux qui s'étaient retranchés aux Pians.

10

Les habitants de Prarustin avaient versé une forte somme pour s'épargner les dommages de la guerre et pouvoir cultiver en paix leur riche vignoble ; cela n'empêcha pas que, le 3 août, une bande de pillards ne tombât sur les Cardonats, qn'ils saccagèrent, et où ils tuèrent six personnes.

Le 10 août, Rora fut victime d'une incursion qui coûta vingt-trois vies. Le lendemain l'ennemi incendia S. Marguerite, mais il fut repoussé avec perte.

Il y eut plusieurs autres petits faits d'armes jusqu'à ce que, à la fin d'août, on commença à parler d'une nouvelle conférence pour la paix. Tout comme en 1655, malgré la longue trêve, l'ennemi attaqua traîtreusement les Vaudois, le 21 décembre. L'effort principal fut fait par le comte de Bagnol contre le Taillaré ; les autres corps se portèrent au Chabas, à Rocheplate et à S. Germain. Le lieutenant Peyronel, de Riclaret, fut le bras droit de Janavel dans cette journée, et les Vaudois demeurèrent vainqueurs.

Enfin, le 14 février 1664, une nouvelle patente fut signée, mais elle faisait encore perdre aux Vaudois d'autres droits. La conférence ayant eu lieu à Turin, leurs députés s'y sentaient moins libres qu'à Pignerol. D'ailleurs, la petite Suisse était seule à plaider pour eux ; la Hollande était en guerre avec la France, et l'Angleterre était retombée sous le sceptre des Stuarts.

Léger, Janavel ef ving-six de ses compagnons d'armes furent exclus de l'amnistie. Le vieux capitaine passa le Col Julien et, par des chemins détournés, il se retira à Genève, où il vécut d'un petit commerce et d'une pension.

Toute assemblée et école fut défendue à S. Jean. Le ministre dut même résider hors du territoire ; c'est alors que le presbytère fut placé aux Staliats, sur les confins d'Angrogne.

Les Vaudois durent évacuer les Vignes de Luserne ; les familles des frères de Janavel allèrent s'établir au Villar.

Le duc imposait aux Vaudois, pour les frais de la guerre, l'écrasante contribution de 2.050.000 livres. Ruinés par les dévastations commises en 1655 et 1663, ils refusèrent de signer cet article et quelques autres. La décision fut remise à l'arbitrage du roi de France ; par sa sentence, prononcée en 1667, la contribution fut réduite à 50.000 livres.

Les Vaudois démolirent leurs retranchements, dont les principaux étaient ceux de Cio' de mai, Roccia Manéoud et Coutaroun, au Val Luserne, des Barricades et du Sangle, à S. Germain.

Les Vallées purent enfin jouir de quelques années de tranquillité, pendant le reste du règne de Charles Emmanuel II, qui mourut en 1675.

CHAPITRE XLI.

Premières années du règne de Victor Amédée II.
La Révocation de l'Edit de Nantes aux Vallées
(1675-1685).

Victor Amédée II n'avait que neuf ans, à la mort de son père; ce fut sa mère, Marie Jeanne Baptiste de Savoie-Nemours, qui tint les rênes du gouvernement jusqu'en 1683.

Louis XIV abusa de la faiblesse de ce régime pour entraîner la Cour de Savoie dans sa lutte contre l'Espagne. Mais, à l'égard des Vaudois, l'état des choses resta sensiblement le même qu'il avait été depuis 1664.

Les faveurs accordées par l'autorité, et les distributions de blé offertes par des congrégations, provoquèrent l'abjuration de quelques familles pauvres pendant les années de disette 1678-1680.

A l'égard de la liberté de conscience, voici ce que la Régente faisait répondre, en janvier 1677, au nonce du pape qui insistait pour qu'on les persécutât:

« Si l'on n'avait égard qu'à la politique et aux intérêts temporels, tant de travaux et de dépenses ne seraient nullement nécessaires et Leurs Altesses Royales auraient tout avantage à laisser s'étendre et multiplier les habitants des Vallées, qui sont fidèles, affectionnés et utiles au pays ».

Les Vaudois reçurent aussi, à la même époque, les témoignages les plus flatteurs de la satisfaction de leurs souverains pour le zèle, l'habileté et le courage qu'ils déployèrent dans les expéditions contre Gênes, en 1672 et 1678, et contre Mondovì, en 1681. Ces documents leur promettaient un gouvernement paternel, en récompense de leurs qualités de bons sujets. Aussi ne s'attendaient-ils pas à la tempête, qui devait les balayer en 1686, et que provoqua Louis XIV, roi de France.

Le protestantisme français avait reçu des coups toujours plus sérieux, de la part du gouvernement, pendant tout le cours du XVIIme siècle. Ses libertés avaient été annulées l'une après l'autre, ses temples fermés ou démolis, jusqu'à ce que cette lente répression fut couronnée, tout à coup, le 18 octobre 1685, par la Révocation de l'Edit de Nantes, qu'Henri IV, en 1598, avait déclaré perpétuel et irrévocable.

La Révocation effaçait toute trace du culte réformé et expulsait les pasteurs, tandis qu'il était défendu aux fidèles de sortir du pays.

C'est ainsi que s'éteignirent les églises vaudoises du Queyras (Abriès, Molines, Arvieu), de l'Embrunais (Guillestre et Vars, Embrun, Chancella et Freissinière), de Briançon, de la haute vallée de la Doire, Fenils, Oulx, Salbertrand et Chaumont), du Val Cluson (Pragela, Usseaux, Fénestrelles, Mentoulles, le Roure), du Val Pérouse (Pérouse, Pinache, le Villar) et celles de Châteaudauphin, Bellin et la Chenal, aux sources de la Varaita.

Bien que la lettre de l'édit respectât la liberté de conscience individuelle et à huis clos, on força les conversions au moyen de mille violences, surtout avec les dragonnades. Des soldats de cavalerie étaient logés chez les protestants, et à leurs frais, se permettant de prendre, briser, jeter les objets et le mobilier, d'outrager et torturer les personnes, jusqu'à la mort exclusivement. On conçoit aisément, sans que nous entrions dans la description de ces horreurs, quelles atrocités furent commises sur ces familles sans défense. Ils furent d'ailleurs nombreux ceux qui succombèrent aux traitements abominables qui leur étaient infligés. Par contre, il suffisait de se catholiser pour être délivré de ces démons.

Ces terribles hôtes, que l'on a appelé *la mission bottée*, visitèrent, en septembre 1685, le Val Cluson, et en octobre le Val Pérouse et y obtinrent, comme presque partout, un succès merveilleux.

Cependant, en dépit des édits, des dénonciations payées, des gardes aux frontières, et bien que ceux qui étaient surpris fussent punis, les hommes par les galères à vie, les femmes par le cloître, leurs guides par l'échafaud, c'est par centaines de milliers que l'on compte les Huguenots qui abandonnèrent tout et affrontèrent des périls sans nombre, pour pouvoir professer leur foi sur le terre d'exil.

Cette émigratiou fut surtout nombreuse sur les frontières, en particulier dans les régions contigües aux Vallées piémontaises.

Il n'est guère possible d'en faire un calcul d'ensemble. Rappelons, par exemple, que quatre-vingts familles abandonnèrent alors S. Veran, et que deux hameaux du Château-Queyras, les Meyers et le Rouet, virent partir tous leurs habitants. Cependant, comme ils franchissaient le Col de la Croix, un espion du gouvernement réussit à induire sept familles à rentrer dans leurs foyers.

Le féroce Bouchu, intendant du Dauphiné, dans une relation de 1685, comptait 3752 émigrés dans l'Embrunais et le Briançonnais sur 11296.

Le Val Cluson avait 7385 habitants à la veille de la Révocation; plus de la moitié en étaient partis avant la fin de l'année.

Par contre, les proscrits volontaires furent fort peu nombreux au Val Pérouse, vu qu'ils pouvaient continuer à pratiquer leur culte, en se rendant chez leurs frères de la rive droite du Cluson.

De toutes ces régions limitrophes, et d'autres provinces françaises plus éloignées, les réfugiés affluaient, par centaines, chez les Vaudois du Piémont. Cela déplut au roi, qui offrit d'abord de leur appliquer la dragonnade, puis fit défendre, le 4 novembre, par le duc de Savoie, de tolérer aucun protestant français dans ses Etats. En même temps, Louis XIV pressait Victor Amédée de saisir cette occasion pour se défaire enfin des Vaudois, et établir dans ses domaines cette unité de foi en vue de laquelle ses ancêtres avaient fait tant d'efforts et de sacrifices.

La résistance du jeune duc à son puissant voisin fut longue et tenace ; il connaissait la fidélité de ses sujets des Vallées et les savait décidés à tout risquer pour le maintien de leur liberté de conscience. Alors, aux exhortations, le roi ajouta la menace d'envoyer, lui seul, ses troupes contre les Vaudois, et d'annexer leurs vallées à la France par droit de conquête.

Victor Amédée céda enfin aux ordres impérieux du monarque, qui faisait trembler la moitié de l'Europe, et il émana l'édit du 31 janvier 1686, plongeant dans une désolation extrême des sujets qui reposaient paisiblement sur l'assurance du bon vouloir de leur prince.

Chapitre XLII.

Guerre de 1686. Attaque d'Angrogne.

L'édit du 31 janvier abolissait entièrement le culte réformé, ordonnait que les temples seraient rasés, que les ministres et les maîtres d'école devaient abjurer ou quitter le pays dans quinze jours, que les nouveaux-nés seraient désormais baptisés par les curés. Les particuliers qui préfèreraient l'exil à l'abjuration, avaient quinze jours de temps pour vendre leurs biens.

Cette fois encore la Suisse protestante envoya des ambassadeurs pour intercéder en faveur des Vaudois. L'intervention de la Hollande aurait été inutile, sinon nuisible, puisque cette nation généreuse était de nouveau en guerre avec le roi de France, auteur principal de la désolation des Vallées. L'Angleterre avait un roi catholique, Jacques II.

Les supplications des Vaudois auprès du duc n'eurent d'autre effet que d'obtenir un délai pour la vente des propriétés. Victor Amédée n'accorda même pas d'audience aux ambassadeurs suisses. Alors ceux-ci se portèrent dans les Vallées pour en prévenir, si possible, la ruine totale.

Dans une assemblée générale, qui eut lieu au Chabas, le 22 mars, les ambassadeurs demandèrent si l'on était disposé à vendre les biens pour aller s'établir dans d'autres contrées. Devant cette alternative cruelle entre l'exil ou la guerre, les Vaudois hésitèrent quelques jours; puis la majorité se prononça pour l'exil. Il ne leur semblait pas possible de résister aux deux Puissances qui, pour la première fois dans l'histoire de leur Eglise, s'étaient unies afin de les accabler. Bobi, Angrogne, S. Jean et une partie de la Tour votèrent la résistance à tout prix.

Les pasteurs étaient tous opposés à la guerre, sauf Henri Arnaud. Né à Embrun, eu 1641, Arnaud avait fait ses études de théologie à Genève et à Bâle. En 1670, le synode l'avait admis dans le corps pastoral vaudois et lui avait confié une église de montagne, celle de Maneille et Macel. Vaudois par sa mère, Arnaud le devint tout à fait en épousant Marguerite, fille de Scipion Bastie, de la Tour, le plus riche propriétaire des Vallées.

La Révocation de 1685 trouva Arnaud pasteur à Pinache. Après l'édit de janvier, il fit une courte échappée à l'étranger, probablement dans le but d'y conduire sa famille. Energique, impérieux même, il ne tarde pas à rentrer et, commençant par Pral, il se mit à parcourir chaque paroisse pour prêcher la résistance, se fondant sur les promesses illusoires des Puissances protestantes, qui travaillaient en effet à attirer le duc de Savoie dans leur ligue contre la France. Bref, Arnaud fut l'inspirateur de la minorité qui se préparait à la guerre.

Pour désarmer cette minorité, le duc publia, le 9 avril, un nouvel édit, dans lequel il parlait de l'émigration en masse comme d'une chose décidée, fixait la date du départ et établissait que personne ne dût emporter ses armes à feu ; au contraire, elles devaient être consignées aux autorités, tôt après la promulgation de l'édit.

Devant cette nouvelle exigence, qui évoquait les souvenirs de la perfidie de la Trinité, de Pianesse et de Fleury, les Vaudois, réunis à Rocheplate, le 14 et le 19 avril, décidèrent à l'unanimité de rester armés.

Hélas! dès le lendemain, 20, la Vallée de S. Martin rompait l'union qu'elle avait jurée.

Un jeûne solennel, avec célébration de la S. Cène, fuf délibéré pour le 21, jour de Pâques ; en attendant, on fourbissait les armes.

Les Vaudois comptaient 2500 hommes en état de combattre et plus de 12.000 personnes qui ne le pouvaient pas. En dépit des instructions que Janavel leur avait envoyées de Genève, ils ne choisirent pas un chef unique; leur défense se fractionna par communes. Aussi, malgré leur valeur, ils ne pouvaient qu'être bientôt écrasés.

Le duc, qui appuya de sa présence les opérations contre le Val Luserne, réunit sept régiments d'infanterie, outre la cavalerie, l'artillerie, et les milices de Barge, Bagnol et Mondovì.

Sept régiments français, commandés par Catinat, devaient marcher contre les Vallées de Pérouse et S. Martin.

L'attaque commença, dans les deux bassins, le matin du 22 avril.

Angrogne était défendue par ses enfants, auxquels s'étaient joints les fuyards de S. Jean et une partie de ceux de Prarustin. Les troupes piémontaises, marchant sur trois fortes colonnes, les attaquèrent en même temps par les Pians, par Castelus, et par les Sonnaillettes, en convergeant vers la Porte d'Angrogne.

La résistance des montagnards fut hardie et courageuse, et se prolongea surtout vers les Pians. Enfin, débordés par le nombre, ils remontèrent la Sea, s'arrêtant pour faire face partout où le leur permettait la nature de cette crête à pente douce. Ils tinrent longtemps l'armée en respect autour du temple qui s'élevait au-dessus de Rocca Ghiesa, entre Angrogne et Rocheplate, puis à Rougnousa et à la Sommette, enfin au Castelet. Lorsqu'ils entrèrent dans ce dernier retranchement, ils n'avaient eu que cinq morts; les ennemis en comptaient un grand nombre, outre trois officiers blessés. La nuit fit suspendre l'action.

Le lendemain, 23, l'assaut recommença furieusement, mais il fut vigoureusement repoussé par les quatre-vingts défenseurs. Cependant, lorsque les Vaudois surent que, par la défection du Val S. Martin, les troupes françaises avaient le passage libre pour occuper leurs derrières, ils décidèrent de se rendre dans l'espoir d'obtenir de meilleures conditions qu'après une résistance acharnée.

Don Gabriel, bâtard de Savoie, grand-oncle du duc et commandant effectif de la journée, remit au député qui lui fut envoyé un billet signé de sa main, de la teneur suivante : « Déposez promptement les armes, remettez-vous-en à la clémence de S. A. R., et soyez certains qu'Elle vous fait grâce, et qu'il ne vous sera fait aucun outrage, non plus qu'à vos femmes et à vos enfants ».

Mais, à peine ils fnrent désarmés, ils durent se convaincre, une fois de plus, de la perfidie des satellites de Rome, et le riant plateau de la Vachère, où campaient des centaines de familles, fut bientôt souillé par toutes les scènes de violence et d'horreur auxquelles la soldatesque se livre dans une ville prise d'assaut. Plusieurs personnes furent passées au fil de l'épée dans le premier élan des envahisseurs, d'autres ne furent égorgées ou mutilées qu'après avoir subi d'atroces tortures. Les survivants furent traînés dans les prisons de Luserne, pendant que les chalets de la Vachère étaient livrés aux flammes. L'autographe de Gabriel de Savoie, seule défense de ces trop crédules montagnards, fut arraché de leurs mains.

Il fut alors facile aux troupes d'envahir le Pradutour et d'y commettre les mêmes excès.

En prévision de la violation de la parole donnée, plusieurs familles s'étaient retirées sur des hauteurs plus reculées, où les soldats commencèrent bientôt à les pourchasser.

CHAPITRE XLIII.

Les troupes françaises
dans les Vallées de Pérouse et S. Martin
(1686).

Au Val Pérouse, deux régiments commencèrent l'attaque, en assaillant S. Germain avant le jour. Les Vaudois les affrontèrent hardiment et les taillèrent en pièces, après des prodiges de valeur de part et d'autre. Le soir venu, les Français survivants, commandés par de Villevieille, se renfermèrent dans le temple, qui était probablement encore à Volavilla. Les Vaudois les bloquèrent, les inondèrent et les auraient sans doute exterminés si la cavalerie n'était venue les dégager dans la nuit. Le plateau dut être évacué par les habitants, qui allèrent occuper les Barricades, forte position naturelle à l'entrée de Pramol.

Arnaud s'était distingué, à la tête des Vaudois, dans cette journée, après laquelle, toute résistance devenant inutile par la reddition des deux autres Vallées, il repartit pour la Suisse. Il y avait été précédé par ses deux collègues du Val Pérouse, Bayle père et fils, pasteurs du Villar et de Pérouse.

S. Germain ne fut plus attaqué, Catinat ayant fait passer ses troupes sur la gauche de la vallée, terre de France. Elles arrivèrent ainsi sans combattre, à la Pérouse où elles se partagèrent pour l'attaque du Val S. Martin. Cette vallée avait, il est vrai, fait sa soumission le 20, et retiré ses corps de garde, mais, comme c'était après le terme fixé par l'ultimatum, il n'en fut tenu aucun compte. Ses habitants eurent donc la confusion d'avoir hâté la ruine de leurs frères, sans être eux-mêmes à l'abri du carnage.

Mélac, avec un détachement, remonta le vallon du Sauvage, à *l'envers* de Méan, et parvint sans peine au Pas de l'Ours, d'où, s'éparpillant par plusieurs chemins, les soldats descendirent à travers les différeutes communes, remplissant de scènes de sang et d'abomination ces paisibles hameaux, dont les habitants croyaient leur soumission acceptée. Les différentes bandes se retrouvèrent aux Clos, escaladèrent encore, en le saccageant, le frais vallon de Riclaret, et arrivèrent sur la croupe gazonneuse de Las Arà, sans qu'aucune résistance eût justifié leur déchaînement de cruauté.

Catinat les avait prévenus. Il avait passé la nuit au Clot des Boulards, à *l'envers* du Pomaré et, lui aussi avait permis à la soldatesque de commettre les infamies qu'il n'est pas permis de rappeler. Il força des jeunes filles toutes nues à lui servir de guides vers les hauteurs.

Ayant de nouveau sous la main tous ses soldats, il descendit occuper la Ruà de Pramol. Les habitants de ce vallon, les réfugiés de S. Germain et une partie de ceux de Prarustin, au nombre de 1500, s'étaient retirés à Peumian, coteau isolé et facile à défendre. Ils y furent rejoints par les défenseurs des Barricades, dont la position restait désormais prise entre deux feux.

Ces malheureux virent bien qu'ils ne pourraient pas tenir, les deux autres Vallées s'étant rendues. Ils conclurent donc avec Catinat un accord avec lequel ils déposeraient les armes et auraient la vie sauve et la liberté. Et comme, dans l'appréhension d'être trahis, ils insistaient pour obtenir une garantie, le général français les assura que ses troupes n'auraient pas même touché à une poule.

Le lendemain, 25 avril, il leur envoya un capitaine avec l'ordre d'amener les hommes à la Vachère pour demander pardon à Don Gabriel; après quoi ils seraient libres. Mais, tout au contraire, on les emmena rejoindre ceux qui etaient déjà entassés dans les prisons de Luserne.

Pendant ce temps, leurs femmes et filles, restées

seules, devenaient l'objet de la licence de la soldatesque. Plusieurs moururent en défendant héroïquement leur honneur ; il y en eut dont le soldat ne put vaincre la résistance qu'après leur avoir coupé bras et jambes. Les corps des victimes demeurèrent longtemps sur la place, comme preuve des traitements odieux et effroyables qu'avait su inventer l'imagination diabolique de ces monstres.

Celles qui survécurent à cette boucherie furent traînées dans des prisons, mais séparées de leurs maris et pères.

Environ deux mille Vaudois se rendirent dans les trois jours suivants. Mais d'autres milliers de fuyards se cachaient encore dans les retraites les plus reculées des montagnes, Alors commença la chasse en détail, « pour nettoyer le pays de ces obscènités », écrivait le duc ; et Catinat recommandait à ses soldats, pour en finir plus vite, « d'user de cruauté ». Les détails, propres à faire dresser les cheveux, qui abondent chez les auteurs contemporains, montrent combien cette recommandation du « bon Catinat » était superflue.

En peu de temps, le duc eut huit mille Vaudois dans ses prisons.

Mais qui dira les scènes tragiques qui se renouvelaient chaque fois que, derrière un rocher à pic ou dans les forêts profondes, les soldats dénichaient une ou plusieurs victimes, bientôt sacrifiées à leur fureur ? Nous rappellerons quelques-unes de ces rencontres.

Une soixantaine de personnes s'étaient hissées, au moyen d'échelles, dans les grottes du Pelvou, placées à une hauteur vertigineuse, au-dessus des Quatre Dents de la Balsille. Attaquées de quatre côtés à la fois, elles s'étaient vaillamment défendues et les pierres qu'elles lançaient vigoureusement de haut en bas avaient forcé l'ennemi à la retraite. Catinat s'y porta en personne avec 550 soldats, et après deux jours il réussit à occuper une position qui dominait ce nid d'aigle. Pas un de ces infortunés n'eut la vie sauve ; tous, hommes et femmes, furent précipités dans les abîmes, dont les anfractuosités portèrent longtemps des lambeaux da leurs corps et de leurs vêtements.

Le 28 avril, l'armée arriva à Pral. Toute la population se rendit et subit les traitements ordinaires : violences et emprisonnement.

Seul, le pasteur Pierre Leydet s'était caché dans une caverne d'un accès difficile, sur les flancs de Galmount. Des soldats l'entendirent chanter des psaumes, trouvèrent sa cachette et l'amenèrent à Luserne. On l'enferma dans une tour du palais du marquis, où se trouvait aussi le logement du duc. On lui mit les ceps aux pieds, dans une posture qui ne lui permettait aucunemeut de s'étendre. Il vécut ainsi à pain et eau, chaque jour en butte aux attaques des prêtres et moines, jusqu'à la fin de juillet. Enfin, voyant qu'il n'abjurerait jamais et que sa constance était un exemple puissant pour les autres prisonniers, on le condamna à être pendu. En marchant à l'échafaud, il se dit heureux d'aller au devant de la mort, qui devait libérer à la fois son corps et son âme.

Ses collègues, au nombre de neuf, furent tenus dans les prisons communes parcequ'ils s'étaient rendus spontanément.

Chapitre XLIV.

Dernières résistances. Les quatre-vingts (1686).

La résistance fut plus vigoureuse et plus prolongée au Val Luserne.

Dès le commencement des hostilités, la plupart des familles de la Tour s'étaient retirées au Villar, où l'on comptait un millier de personnes, entre femmes et enfants. Les hommes s'étaient fortifiés à Cian Ramà et aux Geymets.

Le 22 avril, pendant que le gros de l'armée ducale attaquait Angrogne, deux détachements se portèrent contre ces postes et en furent repoussés. Mais, le soir venu, prêtant foi à un personnage, jusque là estimable, qui les assura que la paix était faite, ceux de Cian Ramà abandonnèrent leur position, où l'ennemi s'établit aussitôt. Il fallut alors évacuer les Geymets, situés bien plus bas. Plusieurs des défenseurs, désespérant du succès, se laissèrent conduire en prison.

Réduits au nombre de cinq cents combattants, les Vaudois renoncèrent à défendre le Villar et se concentrèrent sur les parois sauvages de la Combe de Subiasc et à la Grande Aiguille de Giaussarand.

Le 4 et le 7 mai, ils repoussèrent deux attaques vigoureuses. Mais le duc, pour les prendre entre deux feux, avait envoyé au Val S. Martin le marquis de Parelle, avec un régiment et demi.

Le matin du 8 mai, Brichanteau attaqua la Ville de Bobi et rencontra une courageuse résistance. D'autres troupes survenant de divers côtés, les Vaudois durent reculer, non sans arrêter quelque temps les envahisseurs au Peui et aux Pausettes. Ils ne purent cependant pas empêcher l'occupation de la Sarsenà, qui était le but fixé par le duc pour les opérations de la journée. Une relation de l'ennemi parle de 50 soldats et 3 officiers morts dans cet engagement.

Pendant ce temps, le marquis de Dogliani était monté du Villar à Côugis, avec quatre régiments et demi, et il ravageait tout le vallon, dénichant ceux qui s'étaient réfugiés à Barma d'Aut et à Subiasc. Puis, par Poustïer, il s'était aussi porté à la Sarsenà.

La marche de Parelle avait été beaucoup plus difficile, bien qu'il fût parti cinq jours plus tôt. Parvenu à Pral, il monta de nuit au Col Julien, qu'il croyait devoir forcer et dont la pente était encore couverte de neige et de glace. Il n'y trouva point de défenseurs parceque les Vaudois ne le gardaient que pendant le jour.

Mais la descente dans la Combe de Giaussarand fut désastreuse, soit à cause des précipices et des neiges, soit parceque, du haut de leurs rochers, les Vaudois les criblaient de coups de fusil et les écrasaient sous les roches roulées. Non seulement Parelle ne put pas les chasser de la Grande Aiguille, mais ses soldats durent défiler, un à un, sur l'étroit sentier qui en contourne le pied, exposés aux coups de ces montagnards. Il eut de nombreux blessés et plusieurs morts, parmi lesquels quatre officiers. L'un d'eux, le frère même de Parelle, fut écrasé par un quartier de roche. Ainsi décimées ces troupes rejoignirent les autres à la Sarsenà.

Cette résistance exaspéra les assaillants; ils s'en vengèrent sur les Vaudois qui se laissèrent prendre. Vingt-deux personnes furent précipitées des hauteurs vertigineuses de Barriound, d'autres jetées du haut des roches de Serre Cruel.

Une bande se défendit pendant quelque temps sur le Vandalin et finit par se rendre.

Dans une visite au Pra, le 4 juin, Parelle obtint la reddition d'environ mille cinq cents de ces infortunés, en leur promettant de libérer tous ceux qui étaient en prison.

11

On fit encore une battue générale, grâce à laquelle on découvrit plusieurs fuyards, dont une partie furent massacrés ou faits prisonniers, d'autres préférèrent s'abîmer dans les précipices plutôt que de tomber entre les mains de leurs cruels persécuteurs.

Au commencement de juin, les régiments français furent licenciés. Les détachements qui parcouraient ces montagnes désolées ne rencontraient plus personne, et les prisons renfermaient déjà douze mille de ces misérables. Aussi ne laissa-t-on plus aux Vallées que les garnisaires du Fort de la Tour.

Le duc, qui s'était rendu maître, par des promesses mensongères, de toute une population, déclara que leurs biens étaient confisqués pour crime de rébellion et vendit ces propriétés, à vil prix, à des immigrants savoyards et biellais.

Soudin on vit surgir de nouveaux ennemis qui recommencèrent une lutte acharnée.

Les rares Vaudois, qui avaient pu échapper aux recherches minutieuses faites jusque dans les endroits les moins accessibles, ne vivaient plus que d'herbes et de racines, heureux lorsqu'ils pouvaient abattre un chien ou une bête féroce, qu'attirait l'odeur des cadavres.

Ils avaient vu, trop de fois, combien peu l'on pouvait se fier à la parole de leurs persécuteurs; aussi étaient-ils bien décidés à périr plutôt que de se rendre. Quand les troupes eurent quitté les Vallées, ces derniers restes de tout un peuple commencèrent à errer, avec une grande circonspection, aux abords de leurs retraites. Puis, le courage ou la faim les amenant toujours plus loin, ils rencontrèrent des frères. Enfin, ils se donnèrent rendez-vous au Bessé, aux abords de cette gorge sauvage de Subiasc, à laquelle plusieurs d'entre eux devaient d'avoir échappé.

Il s'y trouva un Peyrot, un Gay, un Geymonat, un Talmon et les capitaines Paul Pellenc, du Villar, Joseph Martinat et David Mondon, de Bobi, ce dernier avec son intrépide compagne. Les autres noms de ces héros sont restés inconnus. Ils étaient en tout quarante-deux hommes, quelques femmes et quelques enfants. Cela pour la Vallée de Luserne.

Au Val S. Martin, il ne se trouve que vingt-cinq hommes, outre les femmes et les enfants. Le seul nom connu est celui de Jacques Peiran, de Maneille.

C'est ce que l'on est convenu d'appeler les quatre-vingts.

Ces deux poignées d'hommes, qui s'ignoraient l'une l'autre, commencèrent à surprendre les corps de garde, et à passer au fil de l'épée les Savoyards qui avaient usurpé leurs biens; puis, comme au temps de Janavel, ils osèrent se lancer dans la plaine et mettre à contribution les villages, qui s'étaient enrichis des dépouilles des Vallées.

On dut rappeler des troupes, qui occupèrent la chaîne centrale afin d'empêcher les communications entre les deux pelotons, chacun desquels continuait à se croire le seul représentant d'un peuple qui avait vécu.

Ils repoussèrent tous les assauts avec cette énergie que donne le désespoir, le sentiment que l'on n'a plus à attendre des hommes que de nouveaux tourments et la mort, ou plutôt avec la force du Dieu d'Israël.

La fourberie ne put pas davantage faire brèche sur eux.

L'entretien des troupes pesait lourdement sur les finances du petit Etat; on parla d'accorder à ces braves le passage pour la Suisse, avec les honneurs de la guerre. Les pourparlers échouèrent, parceque les Vaudois demandaient la libération des prisonniers.

Le reste de l'été se passa en escarmouches. Mais lorsque les Vaudois virent qu'un hiver précoce s'annonçait, et qu'ils surent que la Suisse prenait en main la cause des captifs, ils n'exigèrent plus que la libération de leurs familles respectives, et un accord put être conclu à la fin d'octobre.

Ceux du Val Luserne furent partagés en deux bandes; l'une, qui restait, obtint des otages pendant que l'autre allait à Genève, escortée au nom du duc par le capitaine Perret. Celui-ci, laissant un autre otage entre les mains de ceux qui avaient atteint la cité de refuge, rentra en Piémont et escorta la deuxième troupe.

Ceux du Val S. Martin formèrent une troisième colonne qui partit vers la mi-décembre, avec les mêmes précautions. Seule la famille Constantin, des Brières de Bouvil, cachée dans la périlleuse Balme des Empereurs, sur les flancs abrupts du Bric Trei Aval, s'y maintint pendant tout le temps de l'exil, peut-être à l'aide des habitants du Val Cluson, qui n'avaient abjuré que des lèvres la foi des pères.

Chapitre XLV.

Captivité et délivrance (1686-1687).

Les prisonniers, que l'on amenait chaque jour à Lu serne, avaient fini par être si nombreux qu'ils remplissaient tous les lieux fermés faciles à garder. Bientôt l'espace vint à manquer.

Le 16 mai, cent-soixante de ces malheureux captifs furent vus, liés les uns aux autres, défiler hors des portes de ce bourg, dont les habitants leur criaient triomphants : « Regardez encore une fois vos montagnes, et puis plus jamais ». L'un de ces parias était le capitaine Barthélemi Salvageot, de Rora, qui a tracé dans ses mémoires le récit de sa douloureuse odyssée.

Après une marche pénible, sous les coups d'argousins sans pitié, ils atteignirent les bords du Pô ; on les entassa dans des chaloupes et on les éparpilla, eux et les bandes qui suivirent, dans les prisons de Carmagnole et de Turin, puis à Asti, Trino, Cherasco, Fossan, Saluces, Verceil, en tout dans quatorze villes.

Il serait trop long de décrire leurs souffrances dans ces basses fosses humides et sombres où, pendant les journées étouffantes de l'été, sains et malades étaient entassés sur la terre nue, sans pouvoir obtenir un peu de paille, ni même une pierre pour oreiller.

Ils recevaient du pain et de l'eau, ici en quantité suffisante, là par rations dérisoires, suivant l'humanité des chefs. A Fossan, on leur donnait à boire l'eau où l'on avait d'abord abreuvé les chevaux et lavé les chiens de la garnison ; on se plaisait aussi à la laisser chauffer au soleil. Ailleurs, on pétrissait leur pain avec de l'eau infecte et des immondices ; ailleurs encore on en refusait un verre à des mourants dévorés par la fièvre.

Ils n'étaient même pas tous à l'abri des intempéries ; plusieurs enfants, atteints de la petite vérole, furent jetés à la voirie avant d'avoir rendu le dernier soupir. Les habitants de Rora, transportés à Verceil, succombèrent presque tous aux fièvres paludéennes.

Des maladies sans nombre, dues à la saleté, à la raréfaction de l'air, à la nourriture malsaine, se répandirent avec une telle intensité que l'on compta jusqu'à soixante-quinze malades dans une seule chambre. Les cadavres n'étaient enlevés que lorsqu'ils avaient déjà empesté le peu d'air respirable qui pût pénétrer dans ce charnier.

Qu'on ajoute à ces horreurs les angoisses des familles, dont les membres étaient séparés sans pouvoir obtenir des nouvelles les uns des autres, ou auxquels on se plaisait à en donner de fausses ; les nombreux enlèvements, faits sous l'égide de ministres sans entrailles d'un culte justement abhorré ; et l'on ne s'étonnera pas d'apprendre que, sur douze mille, plus de huit mille périrent en peu de mois. Arnaud parle de onze mille morts sur un total de quatorze mille.

D'autres abjurèrent, quelques-uns au commencement de la guerre, la plupart pour ravoir leur liberté et leurs biens. Ils étaient au nombre de 2226, formant 424 familles sur 1973. Mais ils furent cruellement déçus lorsque la plupart se virent parqués dans les rizières malariennes de la province de Verceil ; il leur était défendu, sous peine de dix ans de galères, de se rapprocher de leurs vallées ou des frontières. Cela montre combien les convertisseurs croyaient peu à la sincérité de ces conversions.

La France et Venise voulaient acheter les hommes les plus robustes pour leurs galères ; mais, quoiqu'en disent quelques historiens, il ne paraît pas que le duc ait poussé la barbarie aussi loin. Au contraire, en décembre 1686, il promit aux ambassadeurs suisses d'ouvrir ses prisons. Les théologiens protestèrent, surtout le confesseur de S. A., Valfrè, qui obtint qu'on retînt, du moins, les neuf ministres et leurs familles, faisant en tout quarante-sept personnes, et les quatre cents enfants qui avaient été enlevés. Ces esclaves de l'obédience assuraient que la plupart abjureraient si on les séparait des ministres, et, quant aux enfants, ils déclaraient que le duc commettrait un péché mortel en les replongeant dans l'hérésie, quand il dépendait de lui de les élever pour la Sainte Mère Eglise.

Honte à jamais à cette caste qui en est venue au point d'étouffer dans l'homme toute affection naturelle !

On retint encore, on ne sait par quelle dernière méchanceté, quatre-vingts hommes emprisonnés à Asti ; il n'en restait que cinq quand leur cachot s'ouvrit enfin, en 1690.

Plusieurs enfants furent encore enlevés sur la route même de l'exil.

Divisés en colonnes, ces réchappés d'une lourde captivité étaient conduits, par le Mont Cenis, jusqu'aux confins genevois ; mais on les traitait si rudement que plusieurs, qui n'étaient plus que des ombres vivantes, ne sortirent du cachot que pour mourir sur les routes glacées.

A Mondovì, on les libéra la veille de Noël, à 5 heures du soir, en leur disant que ceux qui ne partiraient pas aussitôt perdraient leur droit à la liberté. Et ils s'acheminèrent sur la neige, par une nuit glaciale. La plupart étaient malades ; plus de cent cinquante moururent dans le premier trajet.

Ceux de Fossan étaient à la Novalèse, prêts à faire la montée du Mont Cenis, lorsque le vent souleva une effroyable tourmente de neige. En vain supplièrent-ils l'officier, qui les escortait, de suspendre le départ. Il fallut partir et quatre-vingt-six cadavres de vieillards, de femmes, d'enfants marquèrent les jalons de cette marche funeste. Il y eut toutefois des officiers qui témoignèrent de la pitié pour les misérables confiés à leurs soins.

Ils arrivèrent ainsi, en plusieurs escouades, aux portes de Genève ; à la fin d'avril 1687, l'exode était fini. On avait compté 3324 de ces proscrits.

S'ils étaient traités avec la dernière inhumanité sur les terres de Savoie, l'arrivée à Genève était pour eux comme l'entrée dans la terre promise. Les habitants de la Rome du protestantisme, bien que surchargés par les milliers de Français que la Révocation avait poussés dans leurs murs, allaient en foule à la frontière savoyarde pour accueillir ces confesseurs de la foi. Les infirmes étaient l'objet des soins les plus assidus, et les particuliers rivalisaient de zèle avec les autorités pour adoucir tant de misères. C'était à qui se chargerait des plus souffrants, à qui soignerait les plaies les plus repoussantes.

Plusieurs de ces pélerins arrivèrent avec les membres gelés, d'autres tellement exténués qu'ils ne pouvaient même pas ouvrir la bouche pour remercier. Il y en eut un qui mourut en arrivant, heureux du moins d'expirer sur un sol libre ; des milliers de personnes accompagnèrent son corps au champ du repos, ayant à leur tête Janavel. Ce vieillard vénérable était venu, lui aussi, accueillir les débris de son peuple, tristes épaves d'un tel naufrage.

Des scènes émouvantes remuaient tous les cœurs et humectaient toutes les paupières lorsqu'un mari retrouvait son épouse, une mère son enfant. Mais combien plus souvent on entendait des cris déchirants quand, aux demandes haletantes au sujet du tel ou du tel, répondait, comme un glas funèbre, ce seul mot : « Mort ! » Un témoin oculaire rapporte qu'à ce spectacle on voyait éclater en sanglots non seulement les malheureux mais encore les Genevois, que leur ardente charité appelait auprès d'eux.

Plus heureux, un vieillard nonagénaire conduisait avec lui soixante-douze de ses enfants et petits-enfants.

Chapitre XLVI.

Exil et tentatives de rentrée (1687-1688).

Genève ne pouvait, à elle seule, réparer tant de maux, soulager tant de misères. D'ailleurs, le duc insistait pour qu'on éloignât les Vaudois de ses frontières. Aussi, après leur avoir prodigué les soins les plus urgents, la plupart furent-ils dirigés sur les différents cantons protestants, quelques-uns même sur le Palatinat Mais l'amour du sol natal, plus impérieux dans le cœur des montagnards, et surtout le besoin de revoir leurs enfants, retenus en Piémont, les ramenaient sans cesse aux confins de la Suisse.

Les Suisses renouvelèrent leurs instances pour ravoir les captifs, mais en vain. Ces démarches furent même le point de départ de traitements plus durs pour les familles des pasteurs.

Renfermés dans le donjon de la citadelle de Turin, elles avaient vu partir leurs compagnons de captivité. En avril 1687, elles furent séparées et envoyées, trois dans la citadelle de Nice, trois dans celle de Verrua, et trois au château de Miolaus, non loin de Montmélian, en Savoie. Dans ces différentes prisons d'Etat, on leur infligea tant de privations que trois pasteurs et plusieurs membres de leurs familles y moururent. C'étaient les pasteurs Laurens, Bertrand et Chauvie.

Quelques hommes entreprenants prirent à tâche d'entretenir l'union et le souvenir de la patrie chez les Vaudois disséminés dans la terre d'exil. C'étaient surtout Arnaud et les capitaines P. Pellenc. J. Robert et Laurent Tron, tous réfugiés à Neuchâtel. Ils reconnaissaient Janavel pour chef. Malgré ses cheveux blancs, ce hardi capitaine appelait encore ses frères aux armes et, ne pouvant plus se mettre à leur tête, il dicta des Instructions qui, mieux suivies que celles de 1686, devaient être d'une grande utilité pour Arnaud et ses compagnons.

Surveillés à Genève par des espions du duc, ils se donnèrent rendez-vous à Ouchy, port de Lausanne, en juin 1687. Ils devaient s'emparer des embarcations qui leur seraient nécessaires, débarquer sur la rive savoyarde du Léman et tenter le passage des Alpes. Ils en furent empêchés par les autorités suisses, qui craignaient de s'attirer le ressentiment de la France et de la Savoie. Janavel, qu'on avait déjà menacé d'expulsion en mars 1686, fut obligé de sortir momentanément de Genève.

La tentative de rentrée du 23 juin 1688 fut mieux organisée. Les Vaudois se réunirent, de toutes parts, à Bex, près de l'extrémité orientale du lac, au nombre d'environ cinq cents. Ils comptaient remonter le bas Valais et descendre en Piémont par le Grand S. Bernard.

Les Valaisans, en ayant eu vent, occupèrent le pont de S. Maurice, sur le Rhône, pendant que Berne se voyait de nouveau mise dans la nécessité d'entraver une entreprise que, cependant, elle ne pouvait qu'approuver. Genève et Neuchâtel durent prononcer l'expulsion de Janavel, Arnaud, Pellenc et Robert. Rentré dans sa demeure d'exilé, à la Magdelaine, le vaillant capitaine y mourut d'hydropisie, le 5 mars 1690, à l'âge de 73 ans.

Ce nouvel échec sembla fatal. Aussi 365 Vaudois acceptèrent-ils l'offre, qu'ils avaient déjà refusée une fois, d'aller coloniser les plaines du Brandebourg, dépeuplées par la Guerre de Trente Ans. Salvageot était parmi eux. Ils quittèrent la Suisse le 1ʳ août 1688, et furent la plupart placés à Stendal, avec les pasteurs Bayle.

A l'ouïe des projets de rentrée des Vaudois, Victor Amédée avait placé des gardes à tous les passages des Alpes. En même temps, avec la connivence des cantons catholiques, il envoyait des espions et des assassins sur les traces d'Arnaud, de Pellenc et d'autres personnages. Les Suisses, fatigués de ces allées et venues, blâmaient l'obstination des Vaudois et insistaient pour qu'ils allassent se fixer en Allemagne ; leur charité, si longtemps éprouvée, commençait à se refroidir, quand il plut au Tout-Puissant de faire servir aux desseins des pauvres exilés un revirement de politique des grandes Puissances.

L'alliance, formée en 1686 contre la puissance ombrageuse de Louis XIV, comprenait l'Empire et la maison d'Autriche, l'Espagne, la Hollande et la Suède. Ces Etats se virent secondés par un puissant auxiliaire lorsque, en 1689, le catholique Jacques II, satellite du roi de France, fut privé du trône d'Angleterre et substitué par Guillaume d'Orange, stathouder des Pays-Bas. Le duc de Savoie cherchait aussi depuis longtemps à secouer le joug français, mais il était tenu en respect par les forces de Catinat.

Arnaud et le capitaine Besson se rendirent auprès du prince d'Orange et en reçurent de l'argent et de puissants encouragements, avec l'assurance que leur entreprise serait favorisée par un prochain changement dans les affaires de l'Europe. Le duc continuait sa correspondance secrète, guettant le moment propice pour entrer dans l'alliance ; d'ailleurs, une nouvelle révolte, qui avait éclaté à Mondovì, l'avait forcé à rappeler les troupes qui garnissaient les Alpes.

Trois Vaudois furent envoyés en perlustration jusqu'aux Vallées. Ils revinrent avec des données sur la route à suivre, et la promesse que plusieurs de leurs frères catholisés prépareraient des vivres et des munitions et grossiraient leurs rangs. Des réfugiés français et quelques Suisses devaient remplir les vides creusés par l'émigration en Allemagne.

C'est dans ces circonstances que fut faite la rentrée des Vaudois dans le pays de leurs ancêtres.

Chapitre XLVII.

La Glorieuse Rentrée (1689).

Ce ne fut plus une ville qui fut choisie comme point de départ, mais la plage inhabitée de Promenthoux, entre Rolle et Nyon, au pays de Vaud. Les allées et venues des conjurés et leur nombre étaient dissimulés sous les ombrages du bois de Prangins.

Tous ne répondirent pas à l'appel. Cent vingt furent arrêtés en traversant les cantons catholiques, et jetés en prison. D'autres arrivèrent en retard, parmi lesquels le capitaine Bourgeois, suisse, qui devait se mettre à la tête de l'expédition.

Les retardataires, avec Bourgeois, voulurent partir quand même, le 11 septembre. Mais, dans le but d'atteindre le millier, ils avaient accepté bon nombre d'aventuriers, qui ne cherchaient que le pillage et qui ne tardèrent pas à se débander pour saccager les villages de la Savoie. Poursuivis, ils rentraient en désordre à Genève, le septième jour après leur départ. Sur dix-neuf compagnies, ils n'en comptaient que deux de Vaudois, sous les capitaines Jean Robert et G. Renaud. Pour donner quelque satisfaction aux vives remontrances de Victor Amédée, le gouvernement bernois dut faire décapiter Bourgeois, bien que ce capitaine eût fait son possible pour discipliner sa troupe et empêcher tout excès.

Mais retournons à Arnaud.

La nuit du 16 au 17 août, correspondant aux 26 et 27 dans les pays catholiques, était presque passée lorsqu'Arnaud, désespérant de voir arriver les retardataires, fit mettre tout le monde à genoux et prononça une ardente prière. Puis il donna le signal du départ.

On avait réquisitionné de nombreux bateliers qui transportèrent une partie des présents ; mais plusieurs d'entre eux disparurent sans faire un deuxième passage, de crainte d'être arrêtés, soit par les Savoyards, soit par les baillis de Vaud. Cette désertion retint deux cents hommes sur la rive suisse. On les attendit quelque temps, puis il fallut partir pour ne pas être prévenus par la voix publique.

Ils se trouvèrent, dit un auteur, au nombre de 972. Ils s'organisèrent rapidement en vingt compagnies de 45 à 50 hommes. Six capitaines étaient Français, treize Vaudois. Ceux qni n'avaient pas voulu être incorporés dans ces dix-neuf compagnies formèrent la vingtième. Les capitaines Buffa, Etienne Frache et Bertin étaient d'Angrogne, Bellion et Besson de S. Jean, Jean Frache, de la Tour, Pellenc, du Villar, Martinat et Mondon, de Bobi (1), Odin, de Prarustin, P. Robert, de S. Germain. Ceux de la Vallée de S. Martin formaient deux compagnies, sous les ordres de Tron Poulat, de la Balsille, et de Peyrot, de Pral. Au reste, la division par communes n'était pas de rigueur.

Deux autres pasteurs, outre Arnaud, étaient présents. C'étaient Jacob Moutoux, du Plan de Pragela, et Cyrus Chion, dauphinois, qui fut capturé à Yvoire au début de la marche. Il y avait aussi Paul Reinaudin, de Bobi, étudiant en théologie, et deux chirurgiens vaudois.

En l'absence de Bourgeois, on offrit le commandement au capitaine Turel ou Toureil, notaire de Die en Dauphiné. Mais tous ne le reconnurent pas, et l'autorité d'Arnaud, d'ailleurs peu enclin à partager le pouvoir, ne tarda pas à prévaloir. Plusieurs avaient cousu à leur chapeau une feuille de velours orange, en honneur de leur protecteur ; arrivés aux Vallées, ils arborèrent des feuilles de châtaignier.

Ils avaient mis pied à terre non loin du château d'Yvoire ; ils se hâtèrent d'occuper la colline des Voi-

---

(1) Ces trois derniers s'étaient signalés dans les résistances héroïques de 1686.

rons (970 m.). Au reste, comme il a été dit, les troupes avaient été retirées, et ils ne rencontrèrent dans toute la Savoie que les soldats des milices, dont ils eurent aisément raison. Sans cette circonstance providentielle, il ne leur eût pas été facile de forcer mainte position, dûment défendue.

Ils traversèrent les vallons de Boëge, Viuz, S. Jeoire et Bonneville et arrivèrent, le lendemain, dans le bassin de l'Arve, aux portes de Cluses. Ce bourg, comme son nom l'indique, ferme la vallée ; ses habitants, ainsi que plus loin ceux de Sallanches, se montraient décidés à refuser le passage, mais l'attitude résolue des Vaudois leur fit changer de sentiment.

Les exilés étaient parvenus au groupe de hauteurs qui s'élève à l'ouest du Mont Blanc. Le troisième jour, ils errèrent dans ce dédale de montagnes, évitant le fond des vallons de crainte d'y être enveloppés. Ils passèrent le Col de la Fenêtre (2263 m.), et celui du Bonhomme (2446 m.), couvert d'une épaisse couche de neige. A travers la haute vallée de l'Isère, ils gagnèrent celle de l'Arc par le Col de l'Iseran (2769 m.). Redescendant le cours de ce torrent jusqu'à Lanslevillard, ils gravirent le Mont Cenis et le Col Clapier (2472 m.), où ils se trouvèrent aussi dans la neige.

La marche intrépide qu'ils venaient de faire, lourdement chargés, par un temps pluvieux et au milieu de nombreuses privations, est admirée par les cercles militaires ; Napoléon I lui-même en était émerveillé.

En sept jours, ils avaient traversé toute la Savoie, dans sa partie la plus élevée, parcourant environ 190 kilomètres dans une région des plus accidentées et en bonne partie cachée sous les neiges.

Mais cela était peu de chose à côté des difficultés qu'ils allaient rencontrer, puisque les troupes régulières de Savoie et de France se préparaient à leur disputer le passage.

CHAPITRE XLVIII.

Bataille de Salbertrand.

Les Vaudois occupent leurs Vallées (1689).

Les Vaudois avaient formé le dessein de traverser la Doire en aval du fort d'Exilles pour gravir l'Assiette ou le Col de la Fenêtre. Dans ce but, le matin du 2 septembre, ils dévalèrent par le ravin abrupt de la Clarée, qui débouche entre Chaumont et Jaillon.

Mais leur marche n'était plus secrète, et à la sortie du vallon ils se trouvèrent en face des milices et des soldats d'Exilles. Pellenc, s'étant avancé pour parlementer, fut fait prisonnier. Ses compagnons n'eurent d'autre alternative que de gravir la rude pente qu'ils venaient de descendre. Pendant cette retraite pénible, l'ennemi leur fit 36 prisonniers, parmi lesquels deux capitaines français et les deux chirurgiens, Jean Malanot et Jean Musseton ou Muston. Ce dernier, arrêté sur le sol français et envoyé aux galères, ne fut libéré qu'en 1714, après vingt-cinq ans de travaux forcés, dans lesquels il montra la résignation et la constance des confesseurs des premiers siècles.

Arrivés au bout de cette terrible montée (2500 m.), les Vaudois trouvèrent devant eux d'autres soldats, avec le commandant d'Exilles. Il les laissa passer ; mais ils comprirent plus tard que c'était dans le but de les mettre entre deux feux. En effet, en descendant transversalement, au-dessus d'Exilles, vers Salbertrand (1031 m.), ils virent trente-six feux de bivouac auprès du pont sur la Doire. Un peu plus loin une embuscade leur tua deux hommes.

Il était minuit. On décida de forcer le pont sans donner à l'ennemi le temps de le couper ni de se ranger en bataille ; on sut plus tard qu'il y avait là 2500 hommes, commandés par le marquis de Larrey.

Après une courte prière, les Vaudois se jetèrent sur le pont. Le *Qui vive ?* de la garde fut suivi d'une épouvantable fusillade, mais Arnaud l'avait prévu et, tous ses hommes s'étant jetés à terre, ils n'eurent d'autre mal qu'un blessé.

Cependant deux compagnies d'Exilles arrivaient derrière eux. Arnaud se retourna contre elles et put les tenir en échec, aidé de son ordonnance, Brunet, natif de Salse, du capitaine Mondon et de deux réfugiés.

Pendant ce temps, les autres avaient engagé une lutte corps à corps avec les soldats français, détachant les bras de ceux qui s'accrochaient au parapet du pont et les jetant dans la rivière. La mêlée dans les ténèbres, devint épouvantable jusqu'à ce que les Vaudois, devançant la victoire, crièrent : « Courage, le pont est gagné » ! Après trois assauts impétueux, le cordon ennemi fut en effet rompu. Le combat se porta pendant quelques instants autour des retranchements de la rive droite, puis la débandade commença dans les rangs des ennemis.

Le mot d'ordre du jour était *Angrogne*. Les vaincus, espérant échapper au glaive, répétaient: *Grogne*, ce qui, au dire d'Arnaud, coûta la vie à plus de deux cents d'entre eux.

Les Vaudois avaient quinze morts et douze blessés. Ils restaient les maîtres du champ de bataille mais, bien que tombant de fatigue, ils devaient poursuivre la marche avant que l'ennemi, plus nombreux, ne reprît courage. On s'éleva vers les pâturages du Séu ou Soï (1791 m.). L'arrière-garde eut beaucoup à faire à réveiller ceux qu'elle trouvait endormis sur le sentier. Quatre-vingts furent cependant rejoints par les ennemis et faits prisonniers.

A l'aube du 3 septembre, les vainqueurs de Salbertrand étaient réunis au Col de Côteplane (2315 m.). A leurs pieds s'étendait la belle vallée du Cluson, berceau

Henri Arnaud.

de tous les hommes de la compagnie du capitaine Martin. Au delà s'élevaient les sommets de Macel.

Par le Rif et l'Allevé, on descendit aux Traverses (1596 m.). Ce fut un jour de repos. Ils passèrent la nuit suivante à Joussaud (1791 m.), sur la droite du Cluson. Le lendemain, par la pluie, on monta au Col du Pis (2606 m.), enveloppé dans les brouillards. Les soldats piémontais, qui le gardaient, se retirèrent sans combattre.

Le commandant des détachements dispersés dans les Vallées était ce même marquis de Parelle qui était à leur tête en 1686. La résistance de ces troupes, en plusieurs rencontres, fut si faible que les Français soupçonnèrent un accord secret entre le duc et les Vaudois.

Les exilés avaient atteint leurs Vallées; mais ils devaient les reconquérir, et les armées des deux Etats allaient s'unir pour les disputer à cette poignée de braves, décimés par tant de pertes. Les plus grandes avaient été les désertions de nombreux Français, que ne soutenait pas, comme les Vaudois, l'amour du sol natal. Vingt d'entre eux les abandonnèrent encore à la descente du Col du Pis.

On bivouaqua une nuit autour des ruines de l'Ortiaré (1580 m.) au-dessus de la Balsille, et la suivante à Macel.

Le 6 septembre, ils trouvèrent que le temple des Guigou, à Pral, avait été épargné en 1686; Arnaud fit résonner ces murs séculaires de cet Evangile qu'on en avait cru proscrit pour jamais.

Le 7, les Vaudois franchirent le Col Julien (2443 m.), après avoir essuyé, pendant une demi-heure, le feu de l'ennemi, qui se retira ensuite précipitamment.

On descendit à Serre Cruel, et de là à Bobi. Le dimanche suivant, 11 septembre, après la prédication faite par Moutoux sur le frais gazon de Sibaud, les Vaudois prêtèrent le serment d'être fidèles les uns aux autres, d'honorer Dieu et d'obéir à leurs supérieurs. P. Odin fut nommé major pour assister Arnaud dans sa rude tâche.

12

Le lendemain, ils assiégèrent le couvent du Villar, réduit en forteresse. Le 13, l'ennemi évacua le couvent, que les Vaudois brûlèrent. Mais les troupes survenues de la Tour les refoulèrent jusqu'à Bobi. Moutoux fut fait prisonnier. Quatre-vingts autres, avec Arnaud, séparés du gros de la troupe, passèrent à Angrogne par le Vandalin. Cette petite bande, après avoir reçu quelques renforts, retourna occuper le Val S. Martin. Leur camp fut placé au Champ d'Armand, au-dessus de Rodoret; celui du Val Luserne, à la Grande Aiguille de Giaussarand.

Pendant un mois et demi, les uns et les autres eurent à affronter mainte escarmouche, qu'il n'est pas le cas de rappeler ici. Mais vers la fin de la saison, la guerre générale étant ralentie, les deux princes purent concentrer plus de troupes aux Vallées et, le 6 novembre, les Vaudois durent évacuer leurs deux positions. C'est à l'Aiguille que l'ennemi trouva le journal de l'expédition, tenu jusqu'au 17|27 octobre par Reinaudin. De main en main, ce manuscrit parvint à Genève et fut donné à Josué Janavel, peu de jours avant sa mort.

En quittant Rodoret, les uns voulaient se retirer sur les hauteurs de Bobi, les autres à Angrogne. Ils allaient se diviser et marcher à une ruine certaine, lorsque les frères Poulat proposèrent la Balsille. Ce boulevard naturel était désigné comme le plus sûr refuge, dans les Instructions de Janavel; aussi son choix fut-il agréé. Après quelques jours de dangers continuels, ils y furent rejoints par les réchappés de l'Aiguille.

Chapitre XLIX.

La Balsille (1689-1690).

Au-dessus de la Balsille (1380 m.), dernier hameau de Macel, se dresse un haut éperon escarpé, qui se détache du Pelvou et sépare les vallons du Pis et de Gunivert. Sur cette côte abrupte et étroite sont échelonnées les Quatre Dents, hauts rochers sur le nom desquels les Balsillins même ne sont pas d'accord.

Les Vaudois se retranchèrent sur les plateaux qui forment le sommet de chacune de ces roches, qu'ils mirent en communication au moyen de parapets, de fossés, de chemins couverts. Au pied du massif inférieur, sur le rebord appelé le Château (1451 m.), ils creusèrent 80 cabanes. Trois tranchées fermaient de ce côté leurs ouvrages de défense. Si elles étaient forcées, les assiégeants, en avançant vers les hauteurs, trouvaient de la résistance à quatorze autres tranchées successives.

Telle est la forteresse naturelle où Arnaud et ses compagnons passèrent l'hiver, et à l'abri de laquelle ils affrontèrent, à la garde de Dieu, les furieux assauts que nous allons raconter.

Les Français, commandés par de l'Ombraille, se divisèrent en plusieurs détachements et assaillirent la position les 8, 9 et 10 novembre. Pensant la tourner, ils gravirent même le Bric de l'Autin, couvert de neige. Mais ils eurent soixante morts et de nombreux blessés, tandis que les Vaudois n'essuyèrent aucune perte. Les assiégeants, voyant que la saison venait au secours de ces intrépides montagnards, partirent en criant : « Nous nous reverrons à Pâques ». De forts corps de garde furent laissés au Col du Clapier, à Maneille et au Perrier.

Les Vaudois renfermés aux Quatre Dents n'étaient plus qu'au nombre de quatre cents. Ils durent pourvoir à leur subsistance par des razzias dans les vallées avoisinantes, où ils espéraient, d'ailleurs, être bien accueillis par leurs anciens coreligionnaires. Mais ceux de Bourset combinèrent avec les soldats français de tromper les Vaudois. Au jour convenu avec ces derniers, l'embuscade qu'ils préparèrent coûta la vie au capitaine Michel Bertin. Par représailles, peu de jours après, leur vallon fut dévasté. La Tronchée de Pragela eut le même sort.

Les Vaudois eurent le rare bonheur de pouvoir moissonner, en janvier et février, les blés de Rodoret et Pral, qu'un épais manteau de neige avait protégés jusque là.

Enfin, le 30 avril 1690, les soldats français reparurent, aidés de 1400 miliciens, réquisitionnés comme sapeurs et porteurs. Ils arrivèrent par le bas de la vallée et par les Cols du Clapier et du Pis. Ils atteignaient le nombre de 10.000 hommes, selon Arnaud, de 4000, selon d'autres sources. Catinat les commandait.

Quelques positions furent aussi occupées par des troupes piémontaises, qui cependant ne prirent pas une part active au combat. Les Vaudois avaient envoyé quelques patrouilles à la recherche de vivres et de munitions ; les présents étaient réduits au nombre de 367.

Le 12 mai, 500 Français montèrent à l'assaut du Château. Malgré des prodiges de valeur, ils durent se retirer après avoir perdu 200 soldats et 20 officiers, les Vaudois ayant fait une sortie vigoureuse. Le lieutenant-colonel Parat avait dit à ses hommes : « Mes enfants, il faut aller coucher ce soir dans cette baraque ». Il y coucha, mais en qualité de prisonnier.

Pendant cette attaque, d'autres corps de troupes, qui avaient occupé, malgré la neige, le Pelvou (2802 m.) et l'Autin (2158 m.), descendirent le long de la crête vers le fortin du Bric Clausissëtto. Mais la bravoure des défenseurs, la nature des lieux et le brouillard, qui survint, les forcèrent à se retirer. La vallée fut nouvellement évacuée, et Catinat céda le commandement à Feuquières pour se rendre en Lombardie.

Le 20 mai, Feuquières reparut. Il divisa ses hommes en cinq corps dont les positions devaient former un cercle de feu autour des Quatre Dents. Ils occupaient le Passet, le tertre qui domine le confluent du Gunivert, le Clô da' mian, l'Ortiaré et le Serre de Gunivert. Tandis que les uns s'opposaient aux Vaudois, les autres resserraient la ligne d'attaque.

Quand tout fut prêt pour un assaut suprême, Feuquières fit intimer aux assiégés de se rendre avant que le canon commençât à tonner, car après ce moment il ne serait fait aucun quartier. Les Vaudois répondirent : « Nous sommes dans les héritages que nos pères nous ont laissés, et nous espérons, avec l'aide de celui qui est le Dieu des armées, d'y vivre et d'y mourir. Si votre canon tire, nos rochers n'en seront pas épouvantés et nous entendrons tirer ».

Leurs fréquentes sorties retardaient les travaux des assiégeants. Ceux-ci purent enfin, au prix de fatigues inouïes, hisser leurs canons sur une éminence du flanc droit du vallon de Gunivert.

Le 24 mai, l'artillerie tonna dès le matin ; avant midi elle avait vomi 114 boulets sur le Château, dont les parapets furent bientôt ruinés. Alors les Français montèrent furieusement à l'assaut, de trois côtés, sans se laisser arrêter par ceux qu'ils voyaient tomber, frappés par des balles ou des pierres.

Les Vaudois durent se retirer, d'un mur à l'autre, jusqu'au Pain de Sucre (1780 m.) où ils tinrent conseil, pendant qu'un brouillard protecteur s'étendait autour d'eux.

Les moindres débouchés étaient fortement occupés. Il semblait qu'ils n'eussent plus rien à attendre, de la part du vainqueur irrité, que des supplices cruels et ignominieux. C'est alors que le capitaine Tron Poulat se leva. Natif de la Balsille, il connaissait chaque anfractuosité de la montagne ; il dit qu'il restait un passage très dangereux, sur une roche fortement inclinée et placée entre deux corps de garde ennemis. Il n'y avait pas à choisir ; on partit devinant, dans la nuit et le brouillard, le guide qui portait un linge sur le dos.

Au nombre de 361, ils défilèrent sur cette *lausière*, les uns assis, d'autres à genoux, tous nu-pieds. L'un d'eux, se sentant glisser, lâcha un chaudron dont le bruit réveilla les échos du vallon. Une sentinelle cria : « Qui va là » ? Les Vaudois, haletants, s'arrêtèrent, puis tout rentra dans le silence et ils purent enfin, avec mille précautions, sortir sains et saufs de la région occupée par l'ennemi.

Dans les deux attaques de la Balsille, où les troupes avaient semé de nombreux cadavres, les Vaudois ne perdirent que six hommes : Joseph Pellenc, Pierre Bertinat, Jean Lantaré, Jean Cesan, un frère du capitaine Tron et Jacques Peiran. Ce dernier, un des 80 héros de 1686, trouvé blessé dans le Château, fut lâchement torturé par Feuquières.

A l'aube du 25 mai, le brouillard s'était levé. Les Français envahirent les tranchées, fouillant partout jusqu'à ce qu'on aperçut les fuyards, qui gravissaient sur la neige la crête séparant Gunivert de Salse.

Le détachement de Clérambault, lancé après eux, les poursuivit si vivement que les Vaudois ne lui échappèrent qu'en passant, sans s'arrêter, à Rodoret, Galmont, Sellënri et la Maière, où la nuit les surprit. Le lendemain, depuis le Praïet, ils contournèrent les flancs escarpés de Rocheblanche jusqu'à Fayé. Enfin, le 27, ils allèrent de Turinet à Pramol où, dans l'espoir de capturer du bétail pour assouvir leur faim, ils attaquèrent un détachement piémontais, qui occupait la Ruà. Les Vaudois eurent trois morts, les ennemis cinquante-sept. Les quatre officiers furent faits prisonniers ; ils apprirent à Arnaud que le duc avait reçu un ultimatum de Catinat pour qu'il choisît, dans trois jours, l'alliance de la France ou celle de ses ennemis.

Après une nuit passée à Peumian, ils se trouvaient

au Chiot (peut-être celui d'Angrogne, près de Sabèn) quand ils reçurent, au nom de leur souverain, des propositions de paix, des vivres et des munitions.

L'entreprise audacieuse de la Rentrée était achevée; les Vaudois devaient maintenant aider Victor Amédée à refouler les Français au delà des Alpes.

Chapitre L.

Les Vaudois et la guerre de la ligue d'Augsbourg
(1690-1697).

Ce fut le 4 juin que le duc embrassa ouvertement le parti des Alliés. Le même jour, il libéra et congédia avec des paroles flatteuses cinq cents Vaudois, dont quelques-uns gisaient en prison depuis 1686, tandis que la plupart avaient coopéré à la Rentrée.

Le capitaine Friquet ayant arrêté un courrier important au Val Cluson, Arnaud et Odin se joignirent à lui pour aller le présenter au duc. Victor Amédée les habilla de neuf et donna à Arnaud des galons d'or et un riche bâton de commandant. Il les renvoya avec ces mots :

« Vous n'avez qu'un Dieu et qu'un Prince à servir. Servez Dieu et votre Prince fidèlement. Jusqu'à présent nous avons été ennemis, désormais il nous faut être bons amis. D'autres ont été la cause de votre malheur ; mais si, comme vous le devez, vous exposez vos vies pour mon service, j'exposerai aussi la mienne pour vous et, tant que j'aurai un morceau de pain, vous en aurez votre part ».

Son Altesse fut loin d'être fidèle à ces belles paroles, comme les Vaudois le furent. Ils se signalèrent, dans tout le cours de la guerre, par leur courage et par une habileté stratégique peu commune. Les relations des Alliés en font foi, aussi bien que les Mémoires de Catinat, de Feuquières et d'autres auteurs militaires.

Le duc ayant fait appel à ceux qui étaient encore en exil et aux réfugiés français, ils se formèrent en compagnies vaudoises et réfugiées, avec leurs propres officiers.

Ceux qui s'étaient établis en 1688 à Stendal demandèrent à l'Electeur de Brandebourg de pouvoir rentrer dans leur pays. Bien qu'il eût fait de grands frais pour leur établissement, non seulement il les laissa libres mais il subvint généreusement à leurs besoins jusqu'aux confins de ses Etats. Ils fournirent deux compagnies, chacune de cent hommes. D'autres accoururent du Wurtemberg et de la Suisse.

Dans peu de mois, le nombre des combattants vaudois s'éleva à 1400. Ils rendirent très peu sûres les communications des généraux français par les Alpes et imposèrent de fortes contributions de guerre aux vallées du Cluson, de Cesanne et du Queyras. Ils eurent aussi part aux principaux engagements de la guerre, que nous rappellerons en quelques mots.

En août 1690, les Français prirent Cavour et massacrèrent sans pitié la garnison, en partie vaudoise; mais les Vaudois leur enlevèrent Luserne. Le 18, Catinat vainquit à Staffarda. En décembre, la garnison de Pignerol ravagea l'Envers Portes, S. Germain et l'Envers Pinache.

En juin 1691, Feuquières mit le siège devant Coni, défendue par 500 miliciens du Mondovì, 700 Vaudois et quelques réfugiés. Les Français furent repoussés.

En 1692, Catinat fut réduit à la défensive. Mais les Alliés ne tirèrent aucun profit de leur supériorité numérique, parce qu'ils voulurent, tout à la fois, assiéger Casal et Pignerol, et envahir le Dauphiné. Les compagnies vaudoises traversèrent les hauteurs du Queyras et arrivèrent à Guillestre et Embrun, tandis que le duc y parvenait par le Col de Vars.

Le gouverneur d'Embrun, de Larrey, le vaincu de Salbertrand, dut se rendre, le 19 août, et, tant que dura l'occupation, l'Evangile fut de nouveau prêché ouvertement dans la patrie d'Arnaud.

Deux circonstances firent échouer cette expédition. On avait cru que les protestants du Dauphiné auraient profité de l'invasion pour secouer l'oppression qui les écrasait. Il n'en fut rien; ils ne voulurent pas plus traiter avec le duc que les Vaudois avec les agents français.

Deuxième obstacle: Victor Amédée prit la petite vérole et fut transporté à Gap. Son état étant presque désespéré, ses généraux interrompirent les opérations peudant la saison propice, et l'armée repassa les monts sans autre résultat que d'avoir désolé et plongé dans la misère une grande partie du Dauphiné.

L'occasion de prendre Pignerol ne se présenta plus. Catinat s'était retranché, au-dessus de Fénestrelles, sur le pré vaste et pittoresque qui porte son nom. Dans l'été de 1693, il put reprendre l'offensive.

Les Vaudois continuèrent leurs razzias, qui forcèrent Catinat à murer Cesanne et à commencer la construction du Fort Mutin, vis à-vis de Fénestrelles.

Victor Amédée avait attaqué Pignerol par la colline et s'était emparé du Fort de S. Brigitte ; mais il y avait épuisé toutes ses munitions. Catinat, l'ayant su par un espion, sollicita l'arrivée de troupes de renfort, puis, après une marche rapide, il se présenta devant l'armée ducale entre Piossasc et Airasca, avec 40.000 hommes. Le duc, qui n'en avait que 25.000, voulant couvrir Pignerol, allongea ses lignes de Cumiana jusqu'à la Volvera. Le château de la Marsaille, qui restait entre les deux armées, a donné le nom à la bataille du 4 octobre 1693.

La déroute des Alliés fut complète : 6000 morts, parmi lesquels Schomberg, général des religionnaires, 4000 prisonniers, la plupart des canons et trente drapeaux pris par l'ennemi. Schomberg fut remplacé par Ruvigny ou Lord Galloway, chaud protecteur des Vaudois.

Le duc avait toujours entretenu des relations secrètes avec la France. Ce désastre l'amena à les reprendre sérieusement, d'autant plus que les Alliés se préoccupaient davantage d'ajouter Casal à la Lombardie que Pignerol au Piémont.

En attendant, la position des Vaudois fut fixée. Le 20 octobre 1690, en signant l'alliance avec les Puissances Protestantes, le duc avait promis, dans un article secret, de révoquer l'édit de 1686, de rendre les prisonniers et les enfants enlevés, et d'assurer à perpétuité l'exercice du culte vaudois aux Vallées, selon leurs anciens privilèges.

Un édit de juin 1692 avait commencé à effectuer

cette promesse, qui fut accomplie par celui du 23 mai 1694. Dans cette proclamation, le duc rend le roi de France responsable de la désolation des Vallées, il rétablit leurs habitants dans l'état où ils étaient en 1685, et il permet aux catholisés et aux réfugiés des bords du Cluson de s'établir parmi eux. Plus de quatre cents familles rentrèrent alors aux Vallées et recommencèrent à y professer l'Evangile. Le culte régulier avait été repris à la fin de 1691.

Cet édit déplut fort à la Cour de Rome, qui avait applaudi aux hécatombes de 1686. Par son décret du 19 août, elle annulla sans autre la proclamation ducale. Victor Amédée, indigné de cette intrusion de l'autorité papale, défendit, sous de fortes peines, de publier la bulle. Mais, dans ses pratiques secrètes avec la France, le duc se préparait déjà à sacrifier ces mêmes réfugiés que son dernier édit invitait à s'établir aux Vallées.

En juillet 1693, les Alliés avaient horriblement dévasté la vallée de Pérouse. Ses habitants avaient jusque là dissimulé leurs croyances, dans l'espoir de voir les temps changer. Ils furent alors forcés de passer le Cluson et de s'établir dans les Vallées piémontaises. Ils s'y fixèrent en grand nombre et c'est à eux que remontent, en tout ou en partie, les familles Baral, Bert, Bertalot, Bonnet, Chambeaud, Combe, Costabel, Gaydou, Gonnet, Gilles, Granget, Griset, Héritier, Jourdan, Justet, Lageard, Long, Maurice ou Muris, Maurin, Pastre, Planchon, Poët, Ribet, Richardon, Robert, Rochon, Salvai, Sappé, Soulier, Travers, Vinçon, Vola ou Volat, sans parler de celles qui sont éteintes.

La prise de Casal, en 1695, hâta la conclusion du traité secret avec la France, qui fut publié le 29 août 1696. Le duc obtenait Pignerol et le Val Pérouse, mais à la condition de ne pas y tolérer les Vaudois et de n'admettre dans les Vallées aucun réfugié français, pas même ceux du Val Pérouse. C'est cet article secret qui provoqua le second exil.

La paix générale fut signée à Ryswick en 1697.

CHAPITRE LI.

L'exil de 1698 et les colonies vaudoises d'Allemagne.

Le 1 juillet 1698, Victor Amédée dévoila dans un édit les promesses qu'il avait faites à Louis XIV, en violant ouvertement ses propres déclarations de 1694.

Les habitants protestants des Vallées, nés sujets de France, devaient en sortir dans deux mois sous peine de la vie. Trois traits de corde étaient menacés aux Vaudois qui entretiendraient quelconque relation avec les snjets du Roi, dix ans de galères au pasteur qui oserait entrer dans le territoire français.

Cette mesure lâche et inique frappait des centaines de braves, qui avaient versé leur sang pour le duc dans la dernière guerre; olle n'épargnait même pas Tholosan, de Vars, et Henri Arnaud, établis à la Tour depuis plus de trente ans, cet Arnaud avec lequel le souverain avait promis de partager jusqu'au dernier morceau de pain!

Outre plusieurs maîtres d'école, sept des treize pasteurs des Vallées durent partir pour l'exil: Arnaud, Dumas et Giraud, dauphinois, Jourdan, Moutoux et Papon, valclusonnois, et Javel, du Val Pérouse. Ils laissaient vacantes les églises de S. Jean, Rora, la Tour, Villar, Villesèche, Rocheplate et Pomaré.

Divisées en sept troupes, les 2833 victimes de la politique égoïste et cruelle de Victor Amédée partirent de Turin, du 30 août au 11 septembre, pour traverser la Savoie. Arnaud, dont la famille était vaudoise, la laissa à la Tour jusqu'à ce qu'il eût trouvé une résidence fixe.

Pour diminuer l'amertume de leurs reproches, le duc avait promis de leur fournir des rations de pain; mais, à peine ils furent partis, il retira sa promesse.

Genève et la Suisse se montrèrent, cette fois encore, à la hauteur de la mission miséricordieuse que Dieu leur avait assignée. Les exilés furent répartis dans les cantons protestants, pendant que leurs pasteurs cherchaient pour eux une nouvelle patrie en Allemagne. Nous ne nous arrêterons pas aux difficultés qui leur furent faites, tantôt par les populations, tantôt par les théologiens luthériens. Par contre, les gouvernements comprirent que ces proscrits, pieux, honnêtes et laborieux, étaient aptes à repeupler les contrées dévastées par la guerre de Trente Ans (1618-1648).

Pour ne pas parler des colonies vaudoises du Palatinat, dispersées dans la guerre précédente, ni de Stendal, dont tous les habitants, sauf les familles Oesan et Coïsson et le pasteur Jacques Bayle, étaient rentrés aux Vallées en 1690, — il n'y a guère de colonie du Refuge en Allemagne qui ne compte une ou plusieurs familles d'origine vaudoise. Quelques-unes avaient commencé à s'y établir à la suite des massacres de 1655.

Néanmoins, les Vaudois, autant que possible, demeurèrent unis en colonies compactes. Ils cherchèrent même à reconstituer, sur la terre d'exil, leurs communes d'origine. L'on y retrouve les noms de Luserne, de Queiras et surtout des villages des bords du Cluson, d'où la plupart de ces réfugiés étaient originaires. Il s'y trouvait aussi quelques Vaudois piémontais, qui avaient abjuré dans un moment de faiblesse et qui craignaient d'être recherchés comme relaps s'ils restaient aux Vallées.

Attirés par les privilèges promis par divers princes, les exilés vaudois et français fondèrent les colonies suivantes, dont quelques-unes remontent à 1686 et 1687.

Dans le Wurtemberg : Dürrmenz avec Queiras ou Corres, Sengach et les Mûriers ou Schoenenberg ; Pinache avec le Serre ; Luserne ; Pérouse ; Grand et Petit Villar avec Gochsheim et Diefenbach ; Mentoulles ; Bourset ; la Balme, dans un territoire qui a passé au Badenen 1806.

Dans le Baden : Pforzheim et Welsch-Neureuth.

Dans la Hesse-Hombourg : Dornholzhausen et, en petite partie, Friedrichsdorf.

Dans la Hesse-Darmstadt : Walldorf et Pragela, qui comprenait les trois villages de Rohrbach, Wembach et Hahn ; Holzappel ; Waldensberg ; Mentoulles ou Isembourg-Waechtersbach.

Plusieurs des noms vaudois de ces colonies ont, depuis, fait place à des noms allemands.

Au cours de l'été de 1699, les exilés purent quitter le sol hospitalier de la Suisse et aller occuper les terres en friche qui leur étaient destinées. Ils y élevèrent des baraques en bois, qu'ils substituèrent peu à peu par des maisons en maçonnerie.

Malgré les subsides du gouvernement et ceux que la Hollande leur envoyait généreusement, les commencements furent difficiles. Mais, avec le temps, ces colons industrieux firent fleurir comme un verger le désert où ils avaient été placés.

Au point de vue ecclésiastique, ils formèrent deux circonscriptions synodales.

Celle du Wurtemberg eut son premier synode en 1701 ; Arnaud en fut le modérateur. Les colonies badoises s'y adjoignirent pendant plusieurs années.

Celle de la Hesse comprit aussi la nombreuse et riche colonie française de Francfort sur le Mein.

Les patriarches de ces communautés, Arnaud, Clément, Dumas, Gautier, Giraud, Javel, Jourdan, Martin, Moutoux, Papon, y ont laissé un souvenir béni et, pour la plupart, leur existence agitée a été couronnée par une vieillesse paisible et honorée, sinon aisée.

Pour améliorer le sort des colons, Arnaud introduisit parmi eux la culture du mûrier, dont il donna le nom à Schoenenberg, où il s'était fixé.

Avec Antoine Seignoret, de Guillestre, il y introduisit aussi la pomme de terre, que les Vaudois connaissaient depuis près d'un siècle. Ils importèrent pareillement en Allemagne le trèfle qu'on appelle luzerne.

Le français fut en usage parmi eux, dans le culte public et dans les écoles, aussi longtemps qu'ils eurent des pasteurs et des instituteurs issus de leur sein. Mais, à l'époque de la Révolution, la ferveur religieuse s'alanguit, là comme partout ailleurs, les vocations devinrent rares, et l'on préférait s'abstenir des assemblées de culte plutôt que d'entendre prêcher en allemand.

En 1804, ces églises cessèrent de recevoir les subsides de l'Angleterre. D'autre part, les autorités civiles et ecclésiastiques se montraient hostiles à ces étrangers qui, après plus d'un siècle, étaient encore réfractaires à l'assimilation avec leurs concitoyens.

Enfin, en 1820, les églises du Wurtemberg furent incorporées à l'église luthérienne nationale et l'usage de la langue allemande leur fut imposé. Mais les honoraires des pasteurs et des maîtres d'école ont été dès lors assurés.

Depuis ce jour le français disparut rapidement. Le patois vaudois n'est plus compris que par quelques vieillards, surtout des femmes; le français ne l'est plus du tout.

Les colonies de la Hesse n'ont pas été en butte à la même jalousie officielle; aussi l'usage de la langue et du dialecte des ancêtres y est-il général. Dornholzhausen est la dernière église où le culte ait été célébré en français jusqu'au lendemain de la dernière guerre.

CHAPITRE LII.

Les Vaudois et la guerre de succession d'Espagne
(1698-1714).

A la fin de 1691, le culte régulier avait été rétabli dans la plupart des paroisses des Vallées et, le 18 avril 1692, s'était ouvert le premier synode, aux Copiers. Le modérateur en fut David Léger, frère de l'historien ; Arnaud fut adjoint.

La reine d'Angleterre rétablit, sous le nom de Fonds Royal, le capital que Cromwell avait déposé à la Banque d'Angleterre en 1655, et que Charles II avait séquestré.

La Hollande subvint aussi à leurs besoins par de fortes contributions, surtout pour favoriser l'instruction.

Par contre, leur souverain naturel ne protégeait les Vaudois qu'aussi longtemps qu'ils pouvaient lui être utiles comme soldats ; en temps de paix, ils étaient sans cesse en butte aux rapts d'enfants et à une foule d'avanies et d'injustices. Le duc voulut même leur réclamer les taxes arriérées des années d'exil !

En 1699, ils n'étaient qu'au nombre de cinq à six mille, et près d'un tiers des terres restait en friche.

A la suite du départ des sept pasteurs, en août 1698, les six autres durent se répartir les treize paroisses. Ils obtinrent cependant d'en faire venir de la Suisse et de Genève ; ils leur cédèrent les meilleures églises, se réservant celles de montagne.

Ces nouveaux ministres, jeunes et zélés, aidés de leurs compatriotes, laissèrent de nombreux bienfaits en souvenir de leur court séjour. Decoppet releva le temple du Chabas, Senebier celui des Copiers, et c'est pendant les quelques mois du ministère de Du Toit que celui de Prarustin fut commencé. Ceux du Villar, du Serre d'An-

La Balsille.

grogne, de Rocheplate, de S. Germain, du Pomaré, etc., ne furent bâtis ou rebâtis que plus tard.

En 1700, les miliciens vaudois furent envoyés pour dompter un nouveau soulèvement du Mondovì. Mais des événements plus importants se préparaient.

Dans la guerre de succession d'Espagne (1700-1714), le duc de Savoie fut d'abord un allié peu sincère de la France. A la fin de septembre 1703, le Roi ayant des indices certains de ce double jeu, fit arrêter les officiers et désarmer les soldats piémontais, qui combattaient avec ses troupes en Lombardie.

De son côté, Victor Amédée se prépara sérieusement à la guerre. Le 5 octobre, il lança un appel vibrant aux Vaudois, qui lui fournirent aussitôt trente-quatre compagnies, sous le major Malanot, des Clos. De hardis coups de main ne tardèrent pas à les faire connaître.

Dans le traité du 4 août 1704 avec l'Angleterre, le duc s'engagea à rouvrir les Vallées aux victimes de l'édit de 1698, et il vit bientôt accourir sous ses drapeaux de nombreux réfugiés, venant de Suisse et du Wurtemberg.

Arnaud n'avait pas attendu jusque là pour revoir les lieux, témoins de ses exploits. Il s'y rendit en 1703, parla fortement aux Vaudois pour qu'ils demeurassent fidèles à leur duc, quelqu'ingrate que S. A. se fût montrée, et qu'ils ne se fiassent pas aux paroles trompeuses du Roi. Après le départ des deux derniers pasteurs suisses, en avril 1705, Arnaud occupa la cure de S. Jean, laissée vacante par Portaz. Au commencement de janvier 1707, il résigna ce poste, que des jeunes ambitionnaient. Il se rendit alors en Angleterre et rentra à Schoenenberg avant la fin de l'année. Les besoins de ses ouailles du Wurtemberg l'obligèrent encore à d'autres voyages pénibles.

Henri Arnaud mourut aux Mûriers, à l'âge de 80 ans, le 8 septembre 1721, et fut enseveli dans l'église, sous la table de la communion. Sa postérité s'est éteinte, en partie en Allemagne, en partie en Hollande Son fils

13

Jean Vincent, pasteur aux Vallées, fut le bisaïeul d'Etienne Arnaud, mort à la Tour en 1869, dernier descendant mâle du pasteur-colonel.

Retournons à la guerre.

En 1704 les ennemis de la France décidèrent de débarquer sur les côtes du Languedoc un corps de réfugiés et de Vaudois pour secourir les Camisards, qui luttaient héroïquement pour la liberté de conscience ; une tempête dispersa la flotte. Lorsque l'insurrection fut vaincue, 250 de ces vaillants Cévenols se retirèrent dans les Vallées. Jean Cavalier reçut du duc de Savoie un brevet de colonel avec la mission de lever un bataillon.

En attendant, la guerre avait été pour Victor Amédée une continuelle alternative de succès et de revers. La réputation militaire des Vaudois était telle qu'en 1704 le duc de la Feuillade leur offrit une entière sauvegarde s'ils voulaient demeurer neutres entre France et Savoie. Le Val Luserne n'en tint aucun compte ; Arnaud et l'ambassadeur hollandais surent faire agréer le même parti au Val S. Martin.

Mais les Vallées demeuraient sans défense, leurs hommes étant à la suite du duc. Alors, pendant qu'un corps de troupes assiégeait Mirabouc, le 20 juin, la Feuillade partit des Traverses de Pragela, franchit le Col du Pis et envahit successivement la Vallée de S. Martin, Pramol, S. Germain, Angrogne.

Parelle vint à la rescousse et délivra Angrogne et Mirabouc ; mais les autres régions restèrent au pouvoir des Français pendant plus de quatre ans.

S. Germain et Pramol furent horriblement ravagés et demeurèrent presque déserts. Les habitants du Val S. Martin, du Pomaré et de l'Envers Pinache, qui avaient l'ennemi chez eux, durent signer, le 15 juillet, avec la Feuillade, un traité que Louis XIV confirma le 25. Ce traité créait la République de la Vallée de S. Martin, sous la protection du roi de France. La liberté de conscience était reconnue, mais les réfugiés français étaient exclus. Le roi se chargeait d'entretenir les troupes nécessaires à la défense de la république.

Il s'engageait aussi à fournir, au Perrier, le sel à deux sols la livre. C'est cet article, le seul qui fut exécuté, qui a fait naître l'appellation traditionnelle de *République du sel.*

La courte vie de cet Etat minuscule fut peu prospère; il devint le refuge des vagabonds et des bannis, qui s'adonnaient à tous les excès. Malgré la constitution, qui consacrait la liberté religieuse, les pasteurs, David Léger et Jean Jahier, durent s'enfuir, ainsi que les instituteurs. On s'adressa alors aux candidats Leydet et Malanot, qui firent tous les actes du culte et célébrèrent les sacrements, ce dont le synode les blâma fortement plus tard.

La perte d'une vallée n'empêcha pas les milices vaudoises de se signaler. Elles imposèrent des contributions à tout le Queyras jusqu'à Guillestre. Le 28 juillet 1704, quinze d'entre eux osèrent arrêter, à Sestrière, un convoi français de 32 mulets chargés, malgré l'escorte, qui fut mise en fuite.

L'année 1706 sembla devoir consommer la ruine de Victor Amédée II. Une puissante armée tenait sa capitale étroitement assiégée, et les secours des Alliés étaient encore au delà des Alpes.

Après avoir pris les mesures nécessaires pour la défense de Turin, le duc en sortit avec quelques troupes, parcourant la plaine et les vallées des Alpes, toujours poursuivi par les Français.

Du 7 au 14 juillet il s'arrêta à Bubiane, puis il entra dans la vallée de Luserne. La Feuillade écrivait qu'il le tenait si bien enfermé qu'il ne lui échapperait pas; mais les Vaudois repoussèrent le général français, et leur souverain passa deux semaines, en toute sûreté, parmi ces populations qu'il avait si injustement traitées.

Du haut de S. Bernard, il observa les mouvements de la Feuillade, avant de descendre à Luserne. A Rora il accepta l'hospitalité du syndic, Antoine Durand-Canton. Il lui laissa en souvenir une coupe et une cuiller en argent et l'étrange privilège de pouvoir ensevelir ses morts dans son jardin ; c'est ce que ses descendants ont pratiqué jusqu'en 1882. Cette cuiller est conservée au Musée Vaudois.

A S. Jean, le duc logea chez la famille Combe, aux Bellonats. Il visita aussi l'éminence des Barioles et le vallon de la Turinella, si l'on doit croire aux traditions locales.

Il quitta les Vallées, escorté, entre autres, par six cents Vaudois et cent Camisards, et se porta à Villastellone où Eugène de Savoie le rejoignit avec l'armée impériale. La sanglante bataille du 7 septembre délivra Turin et presque tout le Piémont de l'occupation française.

En 1707 eut lieu la malheureuse expédition de Provence, et ce ne fut qu'en 1708 que les souverains alliés pensèrent à reconquérir la frontière des Alpes.

Pérouse fut prise et, le 9 août, le marquis d'Andorno occupa sans résistance le Val S. Martin, effaçant ainsi la république éphémère de ce nom. Les ennemis des Vaudois ne manquèrent pas d'inciter le duc à étouffer dans le sang cette rébellion ; mais la fidélité des autres Vaudois, et le fait que les catholiques de la vallée avaient subi, tout comme eux, la suprématie française, l'amenèrent à leur accorder les Patentes de grâce du 17 août.

Le 28, Fénestrelles se rendit ; la prise de cette forteresse et de celle d'Exilles rendit le duc maître des vallées du Cluson et de la Doire. Ce furent, pour le Piémont, les derniers faits d'armes importants de cette longue guerre, excepté un effort infructueux tenté, en 1712, par les Français de repasser les Alpes.

Chapitre LIII.

Extinction de la Réforme au Val Cluson.
Nouvelle oppression. Exil de 1730.

Beaucoup de Valclusonnois avaient abandonné leur vallée de 1685 à 1698 et avaient concouru à fonder les colonies vaudoises du Palatinat, du Wurtemberg et de la Hesse. Mais la plupart avaient fléchi au temps des dragonnades; appelés par le clergé romain nouveaux convertis, ils en étaient regardés comme très suspects.

La présence des Vaudois et de plusieurs de leurs réfugiés parmi les troupes ducales, qui occupèrent la vallée en 1708, réveilla dans ces âmes assoupies l'amour pour la foi évangélique. D'ailleurs le duc se montrait tolérant à leur égard, pour s'attacher ces nouveaux sujets.

Aussitôt après la chute de Fénestrelles et le départ des Français, ils professèrent ouvertement les croyances du culte que plusieurs d'entre eux n'avaient pas cessé de pratiquer en secret. Plus que jamais on les vit se rendre, malgré les distances, aux temples du Pomaré, de Maneille et de Macel.

Parmi les réfugiés, sortis de leur sein, qui les excitèrent à professer ouvertement les sentiments de leurs cœurs, était le capitaine Pastre Friquet, un des braves de la Rentrée et des guerres qui l'avaient suivie.

Les curés murmurèrent, mais le duc leur fit dire qu'il fallait céder aux nécessités du moment. Aux Puissances Protestantes il disait qu'il ne pouvait pas encore publier la proclamation de la liberté de conscience dans cette vallée, mais qu'il le ferait après la paix. Promesses mensongères, que les faits n'ont que trop démenties !

Les Vaudois eurent la charge de garder le Val Cluson. Ils se cantonnèrent d'abord à Usseaux, puis aussi aux

Souchères basses. Le 17 février 1709, le pasteur Reinaudin alla leur faire le prêche, et soixante habitants de la vallée assistèrent au culte ; le 29 il y en avait plus de deux cents, et le nombre alla en augmentant tant que durèrent ces assemblées, présidées à tour par les pasteurs vaudois. Plus tard il y en eut aussi à Pragela ; on vit se rouvrir les écoles, ainsi que les cultes quotidiens dans chaque hameau ; plusieurs exilés rentrèrent dans leurs foyers. Le premier dimanche d'octobre, les habitants de la haute Doire, en amont de Cesanne, franchirent en grand nombre des montagnes élevées pour aller participer à la S. Cène au Val S. Martin. Enfin, le synode, qui s'ouvrit, le 11 novembre, à Angrogne, accueillit avec joie les députés du Val Cluson, Perron, Guyot et Salleng.

Mais Victor Amédée, désormais presque sûr de rester le maître des régions qu'il avait conquises, refusa de reconnaître cette participation aux synodes des Vallées, et des mesures de réaction ne tardèrent pas à suivre.

Le 25 mai 1710, le Sénat de Pignerol invitait les pasteurs à cesser de visiter le Val Cluson. Ils continuèrent à y faire le prêche jusqu'en août. Mais, le 22 septembre, Cyprien Appia, pasteur de S. Jean, étant allé à Fénestrelles pour y célébrer un baptême, fut jeté en prison, d'où il ne sortit que le 12 octobre. Friquet et deux autres des plus zélés furent relégués dans le bas Piémont.

Les tracasseries contre l'ensemble des fidèles et contre les particuliers devinrent de jour en jour plus fréquentes et plus violentes.

Par le traité d'Utrecht, du 13 avril 1713, Victor Amédée cédait à la France la vallée de Barcelonnette ; en échange il devenait le maître de tout ce que cette Puissance possédait en Piémont, c'est à dire la haute vallée de la Doire, le Val Cluson, et la châtellenie de Château-dauphin, en Val Varaita.

Les réformés étaient nombreux dans ces trois vallées et leur nouveau roi fit tous ses efforts pour les réduire au papisme, contrairement aux promesses solennelles qu'il avait faites de respecter leurs croyances.

Il rendit obligatoires les écoles catholiques, exclut les protestants des conseils communaux.

En mai 1714, le commandant de la Pérouse alla, avec des soldats, arrêter les principaux réformés du Val Cluson. Huit anciens, qui présidaient des cultes de famille dans leurs quartiers, furent relégués dans la plaine. La famine sévissait; tandis que les Vaudois étaient écrasés d'impôts, les catholisés en étaient exempts.

Pour empêcher jusqu'aux moindres réunions religieuses, l'édit du 1 février 1716 vint défendre aux religionnaires de se trouver plus de dix ensemble, sous aucun prétexte. En vertu de cette prohibition, des amendes ruineuses, la prison et d'autres peines corporelles vinrent fondre, par exemple, sur la famille de Pierre Ronchail, du Laux, parce qu'on avait surpris à la fois dans son écurie et sur sa porte, outre ses nombreux enfants et petits-enfants, deux voisines et une mendiante.

Malgré les nombreux départs causés par ces mesures, en janvier 1717 on comptait encore au Val Cluson 385 familles vaudoises et 593 catholiques. Usseaux en comptait 127 protestantes et 115 catholiques, Pragela 205 protestantes et 94 catholiques. Les communautés inférieures, où la proportion était moins élevée, avaient fourni un fort contingent à l'émigration de 1698.

Ils continuèrent à fréquenter le culte aux Vallées jusqu'à ce que cela leur fut aussi défendu. Le 17 juillet 1720, tout acte du culte réformé fut prohibé, sous de fortes peines. En 1721 on leur imposa de faire baptiser les nouveau-nés par les prêtres, dans les vingt-quatre heures; le Sénat alla même jusqu'à proposer qu'on les enlevât pour en confier l'éducation à des congrégations religieuses.

Les vallées de S. Martin et de Luserne n'étaient pas épargnées. On ordonna de chômer les jours de fêtes du calendrier romain; aux enfants enlevés et catholisés on assignait d'emblée la meilleure part du patrimoine de la famille, en l'enlevant aux parents.

Ces violations, et d'autres encore, de leurs anciens privilèges devinrent définitives dans les Constitutions de 1723. L'intervention des Etats Protestants fut toujours déjouée ou rendue inefficace.

En 1727, Cyprien Appia et trois anciens de S. Jean furent condamnés au bannissement et à la confiscation des biens pour avoir baptisé, dans leur paroisse, un enfant natif de Fénestrelles. Le roi leur fit grâce; il eut soin de dire qu'il ne le faisait pas pour faire plaisir aux Vaudois mais seulement à cause de la médiation de l'ambassadeur anglais.

C'est aussi à cette époque qu'appartient la tentative, d'ailleurs avortée, de faire sauter le temple du Villar.

Victor Amédée voulut couronner ses 55 ans de règne, d'une lourde oppression, par l'édit du 20 juin 1730; il abdiqua le 3 septembre.

Cet édit condamnait à mort, comme relaps, tous ceux dont les parents avaient, une fois, abjuré, ordonnait de considérer comme catholiques tous les habitants des vallées cédées, et expulsait, dans six mois, les réfugiés français.

Dès le mois de février précédent, il avait chassé les vingt-quatre familles les plus obstinées du Val Cluson. Devant cette alternative extrême, quatre d'entre elles sacrifièrent leur foi pour ne pas quitter leur patrie terrestre.

L'exil de 1730 amena en Suisse 360 habitants des vallées cédées, et 480 soi-disant relaps, ou réfugiés. Ils comprenaient, entre autres, les Camisards restés aux Vallées, excepté la famille La Pise, qui subsiste encore de nos jours à Angrogne. Quelques autres Français purent éluder l'édit, tels que les Matthieu, à Macel, les Thomas à la Tour, et d'autres familles qui se sont éteintes depuis lors.

L'existence, aux Vallées mêmes, était si intolérable,

qu'un grand nombre se disposaient à se joindre volontairement aux proscrits ; un édit dut empêcher un nouvel exode.

La plupart des 840 exilés allèrent grossir les communautés vaudoises d'Allemagne, après avoir joui, eux aussi, des charités des Etats protestants.

Ceux qui avaient élu d'abjurer pour rester dans les vallées du Cluson et de la Doire avaient désormais leur conscience cautérisée. Mais le clergé, trop peu sûr encore de sa victoire, les tint longtemps en suspicion et s'appliqua à en tirer de nombreux enfants, dont il fit des prêtres. La foi y fut si savamment étouffée qu'au temps de la Révolution pas un ne revendiqua sa liberté de conscience.

Le dernier fait qui intéresse l'histoire du protestantisme au Val Cluson, c'est l'*autodafé* de Bibles et d'autres livres de piété, plus de 60 volumes en tout, que des moines missionnaires allumèrent, le 18 juin 1838, à la Ruà de Pragela.

Chapitre LIV.

Les Vaudois depuis le troisième exil jusqu'à la Révolution française (1730-1789).

La période comprise dans ce chapitre est caractérisée, comme la précédente, par ce double fait : pendant que les Vaudois versent généreusement leur sang pour leurs princes, ceux-ci, serviles vis-à-vis du clergé, resserrent toujours plus leurs libertés.

Les interprétations arbitraires de l'édit de 1730 provoquaient des procès, des emprisonnements, des divisions dans les familles, et les prêtres soufflaient sur ces charbons ardents ; de là plusieurs émigrations partielles.

En 1732, un procès, long et ruineux, fut initié parce que cinq pasteurs s'étaient réunis, sans l'autorisation du préfet, pour la répartition d'une somme envoyée par des bienfaiteurs étrangers. Les frais furent de 267 livres pour l'église de la Tour, et en proportion pour les autres.

D'autres procès, tout aussi iniques, furent faits à l'occasion des temples de Macel, Rodoret et Fayé, et du presbytère de Maneille, dont les catholiques prétendaient leur part. Daniel Isaac Appia, pasteur de S. Jean, fut recherché pour avoir exhorté un de ses paroissiens à ne pas se catholiser.

Les rapts d'enfants, au-dessus et au-dessous de l'âge légal, furent très nombreux, sans qu'on puisse citer un seul cas où les réclamations des pauvres parents aient obtenu satisfaction. Des étrangers furent aussi les victimes de ces infâmes attentats ; un capitaine de vaisseau anglais, auquel on avait enlevé son enfant, à Nice, ne put le ravoir qu'en menaçant de bombarder la ville.

Parmi les enfants des Vallées, rappelons la jeune Coucourde, qui devint abbesse d'un couvent à Verceil et y mourut en 1804.

Le foyer où se préparaient ces crimes contre nature était l'Hospice pour les catholisés, fondé à Turin en 1679, transféré en 1740 à Pignerol, sous le nom d'Hospice des catéchumènes vaudois, et qui ne fut supprimé qu'en 1890. Cette institution, maintenue en partie des deniers de l'État, pouvait contenir 50 personnes, et renferma souvent des adultes qui y étaient retenus malgré eux.

On plaça des curés même dans les communes entièrement vaudoises. En 1748, l'évêché de Pignerol fut créé, à la place des anciennes abbayes d'Oulx et Pignerol. Sa juridiction fut étendue au Val Luserne, ressortissant jusqu'alors au diocèse de Turin, et le premier prélat qu'on y plaça fut exhorté à travailler à la conversion des hérétiques.

Les Vaudois devaient contribuer aux frais du culte romain, les conseils communaux devaient être partout en majorité catholiques. Ainsi l'on eut pour syndic de S. Jean, à défaut d'autres sujets, le métayer du prêtre, bien qu'il ne sût ni lire ni écrire. Ailleurs on alla jusqu'à assigner cette charge à un catholique, étranger à la commune. Toutes les lois pouvaient être violées impunément quand il s'agissait de nuire aux Vaudois.

On essaya de restreindre l'exercice de leur religion au culte public dans les temples existants, en défendant la visite aux alpages en été et même le culte de famille. Les Angrognins, fondés sur un usage séculaire, s'opposèrent énergiquement à la première défense. La deuxième était trop difficile à appliquer pour être exécutée, mais elle resta comme une épée de Damoclès, suspendue sur les familles pieuses. On ne put pas même en obtenir la révocation de la part de Victor Amédée III, qui succéda à son père, Charles Emmanuel III, en 1773, sans rien changer aux conditions qui étaient faites aux Vaudois.

Aux iniquités officielles venaient s'ajouter les tracasseries des particuliers, surtout des curés. Celui d'Angrogne, par ses criailleries, empêcha le culte, un jour de communion, en 1765 ; celui de Pral prétendait que la cloche du temple des Guigou le dérangeait dans ses fonctions à la Ville !

Rien de tout cela, cependant, ne refroidit le zèle patriotique des milices vaudoises, comme elles le montrèrent dans la guerre de succession de Pologne (1733-1735) et surtout dans celle de succession d'Autriche (1740-1748).

En 1742, non seulement les Vaudois repoussèrent les troupes qui voulaient forcer leur frontière, mais ils firent des incursions hardies en Queyras ; en 1745, ils poussèrent jusqu'à Guillestre, lors de la retraite du roi d'Espagne et du prince de Conti.

En 1743 et 1744, ils se signalèrent en Savoie et à Coni, assiégée par les Français et défendue par le baron allemand Frédéric de Leutrum. Ce glorieux général protestant et son collègue Schulemburg, général des troupes autrichiennes dans la même guerre, furent ensevelis dans le temple du Chabas.

En 1747, les Vaudois étaient au siège de Gênes quand un danger pressant les rappela sur les Alpes ; dans la bataille de l'Assiette, le 19 juillet, ils jonchèrent leur position de tant de cadavres ennemis qu'elle en conserve le nom de Vallon des morts.

Ils allèrent ensuite mettre leur camp à Praroubaud, au-dessus d'Abriès, d'où ils commandaient les hautes vallées du Guil et de la Ripa. La paix d'Aix-la-Chapelle leur permit enfin de regagner leurs foyers, en 1748.

Le Piémont put alors jouir de plus de quarante ans de paix, mais les Vaudois n'en profitèrent guère. Pendant que des taxes énormes les appauvrissaient, non seulement leurs voisins catholiques en étaient exempts, mais ils achetaient de nouvelles propriétés, aidés, tout comme aujourd'hui, par l'œuvre des prêts, établie à Pignerol par patente royale, en 1749.

Aux ruines causées par les guerres il faut ajouter les dommages des cataclysmes, tels que l'inondation de 1738, qui dévasta surtout Villar et Bobi ; celle de 1751, à la suite de laquelle plusieurs vendirent leurs terres dévastées pour émigrer, et ne trouvant pas d'autres pays où ils pussent s'établir, ils rentrèrent aux Vallées plus pauvres que jamais. La grêle, tombée abondamment en 1752 et 1759, et d'autres circonstances avaient rendu la misère générale. En 1764, on comptait 4083 besogneux, 636 desquels dans le riche territoire de S. Jean; 1992 d'entre eux ne possédaient absolument rien.

La disette de 1767 et la sécheresse de 1783 auraient encore aggravé les conditions des Vaudois, sans les secours qui leur furent envoyés généreusement des Pays-Bas, d'Angleterre et de Suisse. La collecte faite dans ces deux premiers pays, de 1739 à 1743, permit de secourir 372 familles, victimes de l'inondation de 1738, et de construire le Rempart de Bobi pour empêcher les ravages ultérieurs des torrents. La Hollande recueillit en 1729 un fonds, accru depuis, qui aida puissamment à assurer l'entretien des pasteurs et des régents, et à créer 38 écoles de quartier pour combattre l'ignorance croissante. Rappelons encore le Subside National, recueilli en Angleterre en 1770, et la collecte provoquée en 1783 par la Société pour la propagation de l'Evangile.

La misère favorisa le relâchement de la discipline et l'indifférence religieuse, qui pesaient alors sur l'Europe entière; il faut y ajouter, pour les Vallées, l'analphabétisme. Des 372 chefs de famille de Villar et Bobi, qui furent indemnisés en 1743, la moitié seulement purent signer leur quittance.

Après tout cela est-il étonnant que quelques-uns aient abjuré pour ne plus être en butte à la faim, être exemptés des taxes et ne plus contribuer aux frais du culte réformé? En 1783, presque toutes les communes refusèrent leur contribution pour les pasteurs émérites et il fallut que le Comité Wallon fît une retenue sur leurs subsides pour les faire rentrer dans le devoir.

Au reste, le corps pastoral lui-même se ressentait de l'esprit et des mœurs du siècle. Plusieurs étudiants vaudois furent expulsés des Académies de Suisse et de Hollande ; d'autres, après avoir étudié aux frais de l'Eglise, au lieu de lui consacrer leurs forces, recherchèrent à l'étranger une carrière plus lucrative ; d'autres encore refusèrent d'occuper les églises alpestres de Pral et Maneille.

Des dissensions surgissaient entre collègues, ou encore entre le pasteur et ses ouailles, et l'on recourait aux autorités provinciales pour des riens dignes d'être chantés par l'auteur du Lutrin ; ainsi lorsque les anciens de S. Jean intentèrent un procès à leur pasteur pour avoir changé de place un siège dans le temple du Chabas.

Presque tous les ministres, admirateurs de Voltaire, prêchaient, au lieu du pur Evangile, une froide morale conventionnelle. Là aussi le Comité Wallon intervint, en 1767, pour imposer la signature d'un Acte d'Uniformité, sous peine de privation du subside.

Tel était, sauf quelques exceptions, l'état du peuple vaudois à la veille de la Révolution. La seule atténuante que l'on puisse invoquer en sa faveur c'est qu'il en était de même pour le reste de l'Europe chrétienne. Partout le culte était réduit à un vain formalisme, et l'inconduite s'insinuait même chez ceux qui prêchaient la vertu.

Seuls les protestants de France, écrasés sous le régime impitoyable de la Révocation, étaient excités par la persécution au zèle et au sacrifice de leur vie et de leurs biens, à braver les massacres, la prison, la galère. Dans la deuxième moitié du siècle, la Cour penchant parfois à la tolérance, on osa rétablir, dans les Hautes-Alpes, des assemblées publiques, où officiaient des pasteurs du désert. Quelques-uns de ceux des Vallées franchirent aussi les Alpes pour remplir ce périlleux devoir.

Dans les deux années 1774 et 1775, peu s'en fallut que trois prédicateurs ne finissent sur l'échafaud ; deux autres, surpris par la gendarmerie, réussirent à s'échapper. En 1782 des colloques réguliers furent tenus au Queyras.

Louis XVI reconnut enfin, en 1787, l'existence légale des protestants, auxquels la Révolution ne tarda pas à apporter une entière liberté de conscience.

Chapitre LV.

Les Vaudois et la Révolution Française
(1789-1798).

La réunion des Etats Généraux à Paris, en 1789, qui semblait n'être qu'un événement de la politique intérieure de la France, ne tarda pas à bouleverser l'Europe entière par la proclamation des droits de l'homme et du citoyen, et par le succès merveilleux des campagnes des armées françaises.

Les Vaudois, qui, plus que tout autre peuple, avaient à souffrir de l'ancien régime, ne pouvaient demeurer sourds à cette voix puissante, qui parlait de liberté, d'égalité, de fraternité. Cependant, leur fidélité à la Maison de Savoie ne se démentit point et, tandis qu'en 1792 et 1793 la République enlevait à deux reprises à Victor Amédée III Nice et la Savoie, leur valeur rendit vains les assauts tentés contre la frontière des Alpes.

En 1794, l'armée française réussit à pénétrer en Piémont par cinq cols différents, mais elle ne put envahir ni le Val S. Martin, défendu par Marauda, ni le Val Luserne, où commandait un Suisse, le général Gaudin. Ce dernier ne sut cependant pas empêcher qu'un bataillon de milices du Briançonnais, à la tête duquel était un orfèvre, Caire, ne franchît le Col d'Urine dans la nuit du 8 au 9 mai. Aux Barricades ils se divisèrent. Les uns, par la droite, allèrent forcer la garde du Pra, puis attaquer le fort de Mirabouc; les autres descendirent, par la Grand' Gorge, à Crousënna et Villeneuve, pour empêcher que Mirabouc ne fût secouru.

Le fort n'était défendu que par 40 Vaudois et 45 invalides. Il ne s'y trouvait que deux canons en fer; le premier que l'on voulut essayer éclata et manqua tuer

Waldburg-Truchsess.

Rev. W. S. Gilly.   Général Ch. Bechwith.

Bienfaiteurs des Vaudois.

le major vaudois Musset. Jugeant toute résistance inutile, le commandant provisoire Mesmer, d'ailleurs malade, évacua le fort avec les honneurs de la guerre, et partit emportant le canon qui restait. Au Ciastel, près de Bobi, il rencontra Gaudin avec des secours. Malgré la pluie battante, Gaudin les ramena à Malpertus où il campa. Mesmer, accusé de trahison, fut fusillé un mois plus tard.

Il n'était pas Vaudois; d'ailleurs les Piémontais étaient partout vaincus par les Français. Cela n'empêcha pas les ennemis des Vaudois de parler de trahison et de comploter une soi-disant vengeance. Au nombre de plus de 700, ils conjurèrent de massacrer les familles de la Tour et S. Jean, le soir du 13, pendant que leurs hommes valides combattaient au fond de la vallée. On se réunit à Luserne, d'où une partie alla se cacher dans l'église et dans le couvent de la Tour, ainsi que dans quelques autres maisons.

Don Brianza, curé de Luserne, et le capitaine Odetti, de Cavour, non seulement refusèrent de tremper dans ce noir attentat, mais ils le dévoilèrent aux Vaudois. On envoya une estafette pour demander à Gaudin de laisser libres les hommes des communes menacées; il refusa, ne pouvant croire à tant de perfidie dans des circonstances aussi graves, et n'osant affaiblir ses lignes. Dix-sept messagers lui furent envoyés successivement avec des détails toujours plus précis; il ne se rendit à leur demande que quand les autorités de la Tour et du Villar vinrent elles-mêmes attester la grandeur et l'imminence du danger.

On partit en toute hâte. Mais il était tard. Au son de l'*Angelus*, qui devait être le signal du massacre, ceux qui tremblaient pour les jours de leurs familles n'y tinrent plus. Jetant leurs bagages, ils se mirent à courir. Les conjurés s'étaient enfuis et dispersés; la liste de leurs noms, qu'on trouva dans l'église catholique, fut remise au duc d'Aoste, deuxième fils du roi. Mais aucun des assassins ne fut inquiété; au contraire, Victor Amé-

14

dée reprocha à Gaudin d'avoir abandonné son poste.
« Sire, lui répondit le brave général, ça a été le plus beau
jour de ma vie : j'ai empêché l'effusion du sang et je
n'ai pas dû en verser ».

Les habitants de Luserne, craignant des représailles,
avaient tous fui ; mais il suffit aux Vaudois d'avoir sauvé
leurs bien-aimés.

Gaudin réorganisa ses troupes à Pignerol et remonta
à la Tour, avec 2200 hommes ; il y apprit, l'après midi
du 14, que les Français étaient au Villar. Il y eut une
action fort vive à la Porte de la Garde, sur le Rospart,
et les envahisseurs, qui n'étaient descendus que pour
piller, durent rentrer dans leur fort. Le lendemain, Gaudin
porta son camp à Bobi, et plaça des corps de garde à
Pra la Coumba et à la Bussounà.

Gaudin, malade, fut remplacé par Fresia, colonel piémontais. Celui-ci, qui ne voyait partout que trahison, fit
pendre son ordonnance, Davit, et arrêter les deux officiers supérieurs vaudois, le lieutenant-colonel Marauda
et le major Goanta. L'indignation des milices éclata alors
si fort que Goanta fut libéré et Fresia remplacé par Zimmermann, l'un des Suisses échappés aux massacres de
septembre à Paris. Gaudin succéda au Val S. Martin à
Marauda, qui ne fut relâché qu'en septembre.

L'été se passa en escarmouches, surtout vers la Roussa
et Barant. Enfin, le 12 septembre, les Français firent
sauter le fort et rentrèrent chez eux. Mirabouc ne fut
plus relevé. On maintint un corps d'observation au Col
Barant jusqu'en 1796, alors que Bonaparte, après avoir
pénétré en Piémont par la Ligurie, imposa au roi de
Sardaigne l'armistice de Cherasco.

En attendant, la Cour de Turin démolissait sa propre
autorité par une politique flottant entre les représailles
de la réaction et la peur des idées révolutionnaires.

Les Vaudois demandaient des réformes. En juin 1794,
le roi leur permit d'exercer la médecine, promit qu'il
ferait cesser les abus (quelle clémence !) et qu'il introdui-

rait des innovations plus importantes en leur faveur, après la guerre. La vérité était qu'on attendait précisément la paix pour rendre leur joug plus lourd ; c'est ce que l'on put bientôt voir.

En 1796, Charles Emmanuel IV succéda à son père. Il ne répondit pas même à une supplique où les Vaudois demandaient simplement de ne plus devoir contribuer aux frais du culte romain, de pouvoir restaurer les temples qui tombaient de vétusté, d'ouvrir une école à St. Jean, etc.

Il fut même décidé de rétablir les anciens droits féodaux ; pour l'empêcher, quinze cents habitants du Val Luserne se portèrent, en 1797, à Campillon afin d'en imposer la renonciation au marquis de Rora. Celui-ci, tout en cédant, sut les désarmer par des paroles flatteuses à l'adresse des Vaudois. Le roi chargea Zimmermann de recueillir leurs griefs ; quand il les eut envoyés, il reçut en réponse l'ordre d'arrêter les six principaux d'entre eux, sans les nommer. Zimmermann se garda bien d'exécuter une mesure aussi impolitique que peu précise.

D'ailleurs les événements se précipitaient. Après la proclamation des républiques ligurienne et cisalpine, Charles Emmanuel, sentant branler son trône, accorda les réformes qu'il avait refusées et permit même de tenir les assemblées de culte partout où l'on voudrait. On en profita pour lui demander de pouvoir bâtir un temple à S. Jean. Il le refusa. Ce revirement était dû au fait que Bonaparte venait de quitter l'Italie.

La terreur reprit le roi quand il entendit que ce général invincible armait de forts contingents, et il permit d'entourer d'un mur le cimetière du Pomaré. Cette concession, si mesquine pourtant, fut révoquée à peine on eut appris que l'expédition préparée était partie pour l'Egypte.

Enfin, devenu le jouet ridicule des Français, Charles Emmanuel leur remit Turin, le 9 décembre 1798, et se retira en Sardaigne.

Chapitre LVI.

Les Vallées sous le régime de Napoléon !
(1798-1814).

Le roi parti, on établit en Piémont un Gouvernement Provisoire de treize membres, qui exécutèrent aussitôt des réformes importantes. La torture, l'inquisition, la censure sur la presse furent abolies ; le 31 décembre, parut une déclaration portant que la différence de culte ne devait produire aucune différence dans les droits et les devoirs des citoyens.

L'arbre de la liberté fut planté devant le palais du comte de la Tour, et les milices de la vallée, appelées désormais garde nationale, allèrent y prêter le serment de fidélité à la Constitution.

Le 2 février 1799 fut proclamée l'annexion du Piémont à la France. Les Vallées, avec Pignerol, Turin, Suse, Aoste, furent comprises dans le département du Pô. Pierre Geymet, pasteur de la Tour et modérateur, fut appelé à faire partie de l'administration centrale.

Mais cela ne devait pas durer longtemps. Les armées françaises d'Italie furent obligées de battre en retraite devant la puissante coalition austro-russe. Le Gouvernement Provisoire, qui s'était retiré à Pignerol, dut en partir en toute hâte, le 4 juin, protégé par les Vaudois, qui arrêtèrent bravement les Cosaques dans la gorge du Malanage. Les Français reculèrent sur Fénestrelles, les Piémontais passèrent en Queyras par le Col d'Abriès.

Trois cents blessés ou malades français et deux cents soldats débandés furent amenés à la Tour, d'où, craignant les Cosaques, ils poussèrent jusqu'à Bobi dont les habitants les transportèrent sur leur dos au delà de la frontière. Cet acte de charité, qui, dans les circonstances du moment, était aussi un acte de courage, est dû à l'initiative du pasteur Emmanuel Rostan.

Les milices de la vallée s'étaient portées au Sarret de S. Jean pour repousser les Cosaques ; mais ceux-ci, favorisés par les habitants de Luserne, y montèrent par Bubiane et s'étendirent jusqu'à la Tour, saccageant et faisant des prisonniers.

Cinq députés avaient été nommés pour traiter avec ces nouveaux ennemis ; c'étaient Paul Appia, — qui a laissé un récit animé de ces événements, — Daniel Peyrot, dit d'Hollande, Jacques Vertu, Pierre Vole, et l'avocat Plochiù, catholique. Traversant hardiment ces hordes désordonnées, ils obtinrent des supérieurs la cessation des hostilités. A Pignerol, ils furent bien étonnés d'entendre, sur la place, un officier niçard qui enrôlait des hommes pour marcher contre les Barbets. Le prince Bagration fit cesser ces préparatifs menaçants et les assura que les Vallées demeureraient en paix si leurs députés répondaient sur leur tête qu'il n'y aurait point d'insurrection. Ils promirent, et la paix leur fut encore confirmée à Turin par le terrible Suvarow.

Mais, le colonel Marauda et les autres Vaudois réfugiés en Queyras étant par deux fois descendus en Piémont, les députés furent les uns arrêtés, les autres obligés à s'enfuir. Des Cosaques furent cantonnés à la Tour.

Pendant ce temps, Napoléon, revenu d'Egypte, avait préparé secrètement une forte expédition. Tandis que différentes bandes passaient la frontière, et que Marauda et d'autres descendaient par la vallée de Suse, le 16 mai 1800, Bonaparte accomplissait sa fameuse traversée du Grand S. Bernard, passait à Milan, gagnait, le 14 juin, la bataille de Marengo et rétablissait en Piémont le gouvernement de la République.

Les Vaudois avaient été privés des subsides de l'Angleterre depuis qu'ils étaient sujets français, et leurs pasteurs et régents étaient dans la misère. On y pourvut en leur assignant les revenus des églises romaines des

Vallées, qui n'avaient que peu ou point de fidèles. On confia aussi à la Table l'administration de l'Hospice des Catéchumènes, à Pignerol, qui avait fait verser tant de larmes aux parents des enfants enlevés.

Le Val Luserne fut appelé Val Pélis et le chef-lieu en fut porté de Luserne, catholique, à la Tour, en majorité vaudoise; le Val S. Martin reçut la dénomination de Val Balsille.

En mai 1801, on offrit à Geymet la préfecture de Coni; il préféra la sous-préfecture de Pignerol pour pouvoir rester près des Vallées. Le nouveau modérateur fut Rodolphe Peyran, élu au synode des Copiers, le seul qui ait été convoqué dans la période napoléonienne.

En mai 1805, au passage à Turin de l'empereur des Français et roi d'Italie, Peyran et d'autres députés se présentèrent à lui. Napoléon s'entretint avec eux de la Rentrée et des origines de leur Eglise, puis il leur dit de se faire incorporer à l'Eglise Réformée de France, qu'il venait de réorganiser. C'est ce qu'ils firent. Un décret du 25 juillet divisa les Vallées en trois consistoriales, la Tour, Prarustin et Villesèche.

On put enfin bâtir le temple de S. Jean, désiré depuis des siècles; il était presque achevé lorsqu'il fut en partie ruiné par le terrible phénomène qui désola les Vallées en 1808.

Le soir du 2 avril, le Val Pélis et les pays environnants furent bouleversés par une violente secousse de tremblement de terre, suivie coup sur coup d'autres tout aussi désastreuses. Les églises et plusieurs maisons s'écroulèrent, surtout à la Tour et à Luserne. Il y eut aussi des dommages considérables à Pignerol et au Val Pérouse.

Les habitants s'établirent sous des tentes, dans les champs, jusqu'en automne; à l'approche de la mauvaise saison, ils durent rentrer dans leurs demeures crevassées. Les secousses continuaient, mais moins fortes que les premières. En deux ans, on en compta plus de quinze mille, dont trente-deux dans une seule nuit. C'est ce que nous apprennent les Mémoires de Paul Appia.

Il y eut une seule victime humaine, les maisons ne s'étant écroulées qu'à la deuxième secousse.

Le gouvernement envoya une commission de savants pour étudier le phénomène. Il fit mieux ; pendant que le sous-préfet et le préfet collectaient à Pignerol et à Turin 50.000 francs, l'empereur souscrivait un demi million.

Le gouvernement de Napoléon fut donc favorable à l'Eglise Vaudoise. Mais il devint bientôt oppressif à cause des conscriptions, qui enlevaient tous les hommes dès l'âge de 17 ans, pour les faire périr, vraie chair à canon, sur les champs de bataille de l'Allemagne, de la Russie, de l'Espagne.

Cet homme, qui semblait tenir dans ses mains les destinées de l'Europe, allait encore la bouleverser par sa chute. Vaincu en Russie (1812), en Allemagne (1813), en France (1814), il abdiqua le 11 avril, et l'on vit alors les anciennes maisons régnantes remonter sur les trônes d'où la Révolution les avait chassées.

Chapitre LVII.

La Restauration (1814-1831).

Victor Emmanuel I, qui régnait en Sardaigne depuis 1802, en partit sous la protection d'une flotte anglaise et débarqua, le 16 mai, à Gênes, qui venait d'être annexée à son royaume. Il manifesta aussitôt ses sentiments réactionnaires et montra que l'exil ne lui avait rien enseigné. Le 21 mai, avant même d'atteindre sa capitale, il remit en vigueur tous les édits, vieux de plusieurs siècles, contre les Vaudois.

Et il se montra si mesquin dans sa soumission au clergé qu'avant de penser à remettre un peu d'ordre dans les administrations, il édicta une amende de douze écus d'or à tout auborgiste qui oserait servir du gras les vendredis et samedis.

Il fut le seul des souverains rétablis qui ne reconnut pas la liberté de conscience des minorités.

Les députés des Vaudois furent accueillis par le roi avec une affabilité extrême, mais ils furent bientôt privés des revenus que Napoléon leur avait assignés pour les frais de culte, ils durent fermer le temple de S. Jean, observer les fêtes romaines, etc. Geymet, naguère sous-préfet, se retira à la Tour où il tint, presque jusqu'à sa mort, l'humble charge de régent de l'Ecole Latine.

Plus tard ces rigueurs furent quelque peu adoucies. Une certaine somme fut assignée aux pasteurs ; on put rouvrir le temple des Bellonats, à la condition d'élever une cloison au devant de la porte pour que le chant des Psaumes ne parvînt pas aux oreilles du curé ; on permit, non comme règle, mais individuellement, de conserver les biens acquis hors des anciennes limites.

Victor Emmanuel, épouvanté par la révolution de 1821, abdiqua en faveur de son frère, Charles Félix. Celui-ci permit, en 1824, l'érection des hôpitaux vaudois, dus à l'initiative de l'ambassadeur de Prusse et de Charlotte Geymet, la veuve du sous-préfet, et aux contributions des protestants étrangers et du czar Alexandre I. On put aussi bâtir un temple neuf au Pomaré, et placer de jeunes pasteurs à Rodoret et Macel, pour soulager ceux de Pral et Maneille. Mais le Gouvernement sarde pensait avoir beaucoup fait en *permettant;* c'étaient les bienfaiteurs du dehors qui créaient de nouvelles œuvres, qui subvenaient aux besoins les plus pressants ou qui atténuaient l'effet des iniquités légales.

Sous l'aspect moral et religieux, l'état des Vallées était le même qu'avant 1789, et pouvait se résumer ainsi: formalisme et indifférence, voire même incrédulité. Dieu pourvut à améliorer, aussi à cet égard, les conditions des Vallées au moyen du réveil religieux.

L'état spirituel des Vaudois français était pire encore, surtout au point de vue de l'instruction. Sauf le court séjour qu'y avait fait, en 1801, le pasteur vaudois David Monnet, les églises du Queyras et de Freissinière ne recevaient que des visites, rares et rapides, de France ou des Vallées. Enfin vint un homme, qui se donna tout entier à cette tâche, et dont l'abnégation infatigable devait, par les bénédictions d'En Haut, transformer ce désert spirituel.

Félix Neff était né à Genève le 8 octobre 1797. D'une intelligence éveillée, ses conditions de famille l'obligèrent cependant à interrompre les études pour s'enrôler, en 1815, dans la garnison de la ville. Il n'y resta pas longtemps, se sentant appelé au ministère de la Parole.

En 1823, il se trouvait à Mens, en qualité d'évangéliste, lorsqu'il entendit parler de ces populations alpestres, qui étaient depuis plus d'un siècle comme des brebis qui n'ont point de berger.

Ce n'est que plus tard qu'il fut officiellement placé dans ces hautes vallées et qu'il reçut la consécration; mais il y fit une première visite en octobre de cette même année. Il devait résider d'office à la Chalp d'Arvieu, mais il avait aussi la charge des réformés de Pierregrosse, Fontgillarde et S. Véran, dans le Haut Queyras, de Vars et Guillestre, de la vallée de Freissinière jusqu'à Dormillouse, et des disséminés du Briançonnais.

On n'avait plus fait, depuis des années, l'instruction religieuse de la jeunesse ; Neff forma une classe de 80 catéchumènes de 15 à 30 ans.

Il bâtit le temple des Violins, à Freissinière, ouvrit plusieurs écoles, dont les maîtres avaient été préparés par lui-même. Préoccupé d'améliorer aussi les conditions matérielles de ces montagnards, il les initia, prêchant d'exemple, aux travaux manuels d'irrigation, bâtisses, etc.

Dévoré de zèle, il allait de maison en maison et d'une vallée à l'autre, portant partout son message d'exhortation et de consolation. Son travail fut béni ; il lui fut donné de voir naître à la vie spirituelle de nombreuses âmes plongées dans l'indifférence et plusieurs familles catholiques.

Ce réveil se manifesta surtout à Freissinière et Dormillouse, où la mémoire de Neff est particulièrement vénérée.

Mais cette activité ininterrompue, le climat rigoureux de ces régions et une alimentation grossière et irrégulière, ne tardèrent pas à détruire une santé qui avait cependant été robuste. En avril 1827 il dut quitter ces vallées, dont les habitants le regardaient comme leur père. Après deux ans de souffrances aigües, il mourut à Genève, le 12 avril 1829.

Son œuvre ne tomba pas avec lui. Reprise par ses successeurs, elle trouva des protecteurs en la personne de quelques chrétiens anglais, qui visitèrent ces régions en 1852. En 1856 fut fondé le Comité de Lyon qui garantit à ces populations déshéritées un ministère régulier, et qui a placé les plus misérables aux colonies d'Aïn-Tolba et des Trois-Marabouts, en Algérie (1881).

L'influence de Neff fut aussi sentie chez les Vaudois du Piémont. Jacques Blanc, du Villar S. Pancrace, près Briançon, s'était établi, en 1812, à S. Jean. Ses fils André et Antoine devinrent les amis et les admirateurs de Félix Neff et l'invitèrent à visiter les Vallées. Il y fit une échappée en juillet 1825 et trouva, à la Tour et à S. Jean, de petits noyaux de croyants qu'il encouragea par sa parole ardente, et avec lesquels il engagea une correspondance pastorale.

Le mouvement s'étendit aux églises voisines; mais il ne tarda pas à susciter une opposition acharnée, à la tête de laquelle se mit le pasteur de S. Jean, David Mondon. Les *mômiers*, comme on les appela, furent même l'objet de mauvais traitements de la part de quelques jeunes gens, et de mesures de répression du Gouvernement. Le consistoire de S. Jean exclut de son sein l'ancien David Lantaret.

Si un schisme fut évité, on le dut à l'amour des dissidents pour l'Eglise des pères, et aussi à l'arrivée de quelques jeunes pasteurs qui avaient goûté, à Genève et à Lausanne, les prédications évangéliques d'un Gaussen et d'un César Malan. Les Mômiers rentrèrent dans l'Eglise et devinrent les collaborateurs zélés des pasteurs qui s'efforçaient d'amener leurs troupeaux à une foi vive, par une repentance sincère.

Chapitre LVIII.

Bienfaiteurs des Vaudois.

L'histoire de l'Eglise vaudoise, et l'oppression qui l'écrasait, lui attirèrent de nombreux amis appartenant à la plupart des églises protestantes. A partir de 1811, les Vallées ont eu, presque chaque année, la visite de chrétiens qui ont laissé des traces bénies de leur passage. Plusieurs d'entre eux, par les récits qu'ils publièrent, appelèrent sur les Vaudois l'attention de l'Europe évangélique et la protection de quelques souverains.

Parmi ces bienfaiteurs, il faut nommer d'abord le comte *Frédéric Louis de Waldburg-Truchsess*, ambassadeur de Prusse à Turin de 1816 à 1822 et de 1831 à 1844. Il fut le protecteur assidu des Vaudois contre les innovations, légales et illégales, de la Cour et du clergé, et il sut engager son roi à les aider aussi financièrement. Il prit encore à tâche d'améliorer les locaux des écoles. Hors des Vallées, il appuyait la naissante communauté réformée de Florence, et c'est dans son palais, à Turin, qu'avait lieu le culte, tenu par des pasteurs vaudois, et que trouvèrent aussi place les écoles et un petit hôpital. Waldburg-Truchsess mourut en 1844 et fut enseveli à la Tour, au milieu de cette population qu'il avait tant aimée.

C'était en 1822, à Londres. Dans une séance de la société pour la propagation de la foi, on lut une lettre du pasteur de Pramol. Un chanoine anglican, *William Etienne Gilly*, fut intéressé par cette lecture, qui lui révélait la persistance de l'ancienne Eglise vaudoise; et, dès le mois de décembre de cette année, il partit pour les Vallées, où il fit un séjour en 1823.

Frappé de la misère des pasteurs et des régents, il n'épargna rien pour amener le gouvernement anglais à rétablir le payement des intérêts des fonds supprimés au temps de Napoléon. Il eut la joie de l'obtenir en 1827. Les pasteurs, bien qu'ils fussent loin d'être dans l'abondance, renoncèrent à une partie de cette subvention en faveur des émérites et des veuves de pasteurs, et des nouveaux ministres établis à Rodoret et Macel.

En 1829, au cours d'une deuxième visite, Gilly se proposa un nouveau but, la fondation d'un Collège pour élever le niveau de l'iustruction et faciliter la préparation des candidats au ministère, forcés à s'expatrier pour suivre l'enseignement secondaire. Il recueillit des fonds et s'engagea à fournir, à partir du 1 mars 1831, l'argent nécessaire pour acheter ou bâtir l'édifice approprié, pour les honoraires des professeurs, pour des subsides aux élèves pauvres et pour la création d'une bibliothèque, qui compte aujourd'hui 25.000 volumes.

Le Collège s'ouvrit à l'époque fixée; mais les obscurantistes veillaient à Turin, et ils obtinrent un ordre de Charles-Félix pour la répression de ces nouveautés dangereuses. Ce fut un des derniers actes du vieux roi, qui mourut le 27 avril. Avec lui s'éteignit la branche aînée de la maison de Savoie, laissant le trône à la descendance de Thomas de Carignan, celui dont nous avons parlé à propos de la guerre civile pour la succession de Victor Amédée I.

Le 28 mai, le nouveau roi, Charles Albert, permit la réouverture des cours. Malgré de nouvelles difficultés, suscitées plus tard par un pouvoir ombrageux, cette œuvre de Gilly a porté et continue à porter des fruits excellents pour l'extension du royaume de Dieu dans toute l'Italie, et même dans les régions lointaines des autres continents.

Gilly ne fut pas aussi heureux dans la poursuite d'un troisième but, celui de ramener l'Angleterre au rôle de protectrice des Vaudois, comme elle l'avait été aux temps de Cromwell et de Guillaume III. Pour mettre un terme aux violations des privilèges des Vallées, il fallut ce frémissement de liberté qui secoua toute l'Europe et dont les Vaudois furent des premiers à bénéficier. Gilly put encore le voir et s'en réjouir ; il mourut le 10 septembre 1855.

Un autre résultat de son apostolat fut d'avoir excité l'intérêt de Beckwith en faveur des Vaudois.

Charles Beckwith naquit à Halifax, dans la Nouvelle Ecosse, le 2 octobre 1789. Il avait parcouru brillamment la carrière des armes jusqu'au grade de major lorsque, le 15 juin 1815, à la fin de la sanglante bataille de Waterloo, où il avait été nommé, sur le champ d'honneur, lieutenant-colonel, un boulet de canon lui brisa une jambe.

Les loisirs forcés de la maladie ramenèrent les pensées du jeune officier aux intérêts de son âme. Il était déjà mûri par l'adversité lorsque, en attendant une audience du duc de Wellington, ses yeux tombèrent sur le récit de la première visite de Gilly aux Vallées, qu'il trouva dans le salon de son général.

C'était dans l'été de 1827 ; dès l'automne, Beckwith partit pour le pays qui devait devenir sa seconde patrie.

Doué d'un esprit pénétrant, qui ne négligeait aucun détail, il eut bientôt fait de connaître les besoins des Vaudois. Sa tâche spéciale fut de continuer, sur une plus vaste échelle, les efforts de Waldburg-Truchsess en faveur de l'instruction élémentaire. C'est à lui, et aux amis qu'il sut acquérir pour l'œuvre chère à son cœur, que sont dus ces nombreux édifices, simples mais coquets, connus sous le nom d'écoles Beckwith, et qu'il aimait à appeler des universités de chèvres. Il se chargea aussi des honoraires des instituteurs.

Beckwith coopéra largement à tout ce qui pouvait concourir au bien spirituel, moral ou matériel des Vallées. Il fut le fondateur du Pensionnat, ou Ecole Supérieure de jeunes filles ; il s'associa à Gilly pour la création du Collège ; il fut l'initiateur de la construction de plusieurs églises et presbytères, à la Tour, à Rora, à

Rodoret, des maisons des professeurs, de la création d'œuvres de bienfaisance et d'évangélisation. Aussi sa mémoire demeure-t-elle populaire, plus encore que celle des autres bienfaiteurs. Le colonel, plus tard général Beckwith, épousa une Vaudoise, M.lle Caroline Vole, de S. Jean, et passa ses derniers jours à la Tour, où il mourut le 19 juillet 1862.

Chapitre LIX.

Charles Albert et les Vaudois.

Le caractère énigmatique de Charles Albert a donné lieu aux appréciations les plus contradictoires. Lui qui, comme Régent, en 1821, avait proclamé la Constitution, en persécuta les partisans lorsqu'il fut parvenu au trône, et réprima dans le sang toute tentative de révolution. De même, lui qui accorda aux Vaudois l'édit d'émancipation, avait permis, au commencement de son règne, qu'ils fussent les victimes de mille tracasseries et d'abus révoltants, dont voici quelques exemples.

Les enlèvements recommencèrent de plus belle, tels que ceux des enfants Dalmas, du Villar, Arnaud et Cardon, de la Tour, Vole, de S. Jean. En 1844 des prêtres enlevèrent une fille de l'ambassadeur hollandais Heldevier, sans que le roi fît quoi que ce soit pour la lui faire rendre. Aussi ce père désolé, plein d'une juste indignation, abandonna-t-il cette capitale dans laquelle les droits les plus sacrés étaient violés impunément, au détriment de ceux qui n'appartenaient pas à la religion de l'Etat.

En 1836, on imposa la séparation de corps et de biens à un catholique et à une Vaudoise, qui avaient été mariés à l'Ambassade de Prusse. Ils passèrent en France et y célébrèrent leur union à la mairie et devant un curé; mais, lorsqu'ils rentrèrent aux Vallées, ils durent encore subir une quatrième cérémonie nuptiale par devant le curé de S. Jean. C'est ainsi qu'on enseignait le respect des institutions!

Le curé d'Angrogne dérangeait le culte vaudois en conduisant sa procession tout autour du temple et en envoyant l'huissier intimer au pasteur de se taire; celui de Rora faisait changer l'heure du sermon pour que le

Edit d'Emancipation.

chant des Psaumes ne dérangeât pas les dévotions de ses quelques ouailles.

On prohiba les réunions religieuses, autres que celles qui avaient lieu depuis des siècles ; on défendit de faire chanter les enfants à l'école de la Ville de la Tour.

Ce ne fut qu'en conséquence de l'épidémie de choléra de 1835 qu'il fut permis de clore d'un mur les cimetières vaudois.

En 1839 fut émanée la défense d'admettre des étrangers aux synodes ; cette mesure visait Waldburg-Truchsess et Beckwith. Des précautions minutieuses rendirent très difficile l'importation d'ouvrages religieux, et de fortes peines menaçaient ceux qui en auraient placé entre les mains des non Vaudois ; en 1837, le pasteur Buscarlet fut expulsé de Nice dans 48 heures, et les sujets sardes, qui avaient lu la Bible, furent jetés en prison.

Tandis que Charvaz, Barone et d'autres ennemis déclarés des Vaudois écrivaient contre eux ce qu'il leur semblait bon, il était défendu aux hérétiques de rien publier qui ne fût approuvé par la censure ecclésiastique.

Le jeune pasteur de Rodoret, Alexis Muston, avait fait paraître, au terme de ses études, une thèse sur l'histoire vaudoise. Bien que cela eût été fait à l'étranger, on décida son arrestation. Averti par son ami Amédée Bert, chapelain des Ambassades protestantes, Muston franchit le Col de la Croix, couvert de neige, dans la nuit glacée du 9 au 10 janvier 1835. Au bout de près de six ans d'exil, il obtint de pouvoir séjourner trois mois auprès de son vieux père, pasteur à Bobi, mais ce ne fut qu'en 1845 que le décret d'exil fut révoqué. Muston resta en France, et c'est dans son presbytère de Bourdeaux (Drôme) qu'il a écrit de nombreux ouvrages sur l'histoire des Vaudois, fruits de patientes recherches et ornés d'un style plus imagé que précis. Le principal est l'Israël des Alpes, en 4 volumes.

Les tracasseries que les Vaudois rencontraient dans la vie civile et militaire étaient sans nombre. Ils ne pou-

15

vaient, sauf exception, atteindre au grade d'officier, tandis que ceux qui abjuraient voyaient s'ouvrir devant eux une carrière rapide.

Grâce à l'intercession des Ambassadeurs, Charles Albert avait permis de rouvrir le Collège et d'instituer le Pensionnat pour jeunes filles.

Mais il voulut intervenir en personne, comme grand-maître de l'ordre des SS. Maurice et Lazare, à l'inauguration de la nouvelle mission, établie à la Tour, en 1844, pour la conversion des Vaudois. Néanmoins, l'accueil franchement loyal, respectueux et affectueux qu'il y trouva fut tel qu'il voulut le rappeler en décorant un Vaudois, Ami Combe, syndic de la Tour, de la croix de ce même ordre missionnaire. Il fit aussi élever, à l'entrée du bourg une fontaine monumentale avec cette inscription :

IL RE CARLO ALBERTO

AL POPOLO CHE L'ACCOGLIEVA

CON TANTO AFFETTO - MDCCCXLV.

Tous les pays fourmillent de monuments érigés, plus ou moins spontanément, par les peuples à leurs rois. C'est ici un exemple, peut-être unique, d'un monument élevé par un roi à son peuple.

Le cœur compatissant du Souverain aurait voulu alléger les souffrances des Vaudois, mais sa foi mystique lui défendait de favoriser, comme que ce fût, un culte qu'on lui avait appris à considérer comme hérétique, et dangereux pour la piété de ses autres sujets.

Aussi, en promulguant le code civil de 1838, n'innova-t-il rien en faveur des cultes tolérés ; il y introduisit, cependant quelques réformes libérales concernant le commerce, les administrations communales, etc.

Mais des jours meilleurs ne devaient pas tarder à luire pour les Vaudois aussi.

Chapitre LX.

L' Emancipation (1848).

Après la visite de Charles Albert au Val Luserne, l'application rigoureuse des édits de répression devint de plus en plus rare. D'ailleurs, un puissant souffle de liberté avait commencé à se faire sentir dans tout le monde civilisé et le roi de Sardaigne ne pouvait y demeurer indifférent. A la fin de 1847, son Gouvernement initia des réformes, mais les Vaudois et les Juifs en étaient encore exclus.

Le marquis Robert d'Azeglio, ministre d'Etat, assuma la noble tâche de remuer l'opinion publique, afin d'obtenir que ces fidèles sujets participassent aussi à l'allégresse universelle. Il s'adressa aux évêques du Piémont, qui se trouvèrent partagés sur l'opportunité d'accorder l'égalité civile aux hérétiques. Parmi les nombreux souscripteurs qui signèrent la pétition au roi en faveur des non catholiques, on remarque plusieurs ecclésiastiques romains, et même Mgr Renaldi, qui avait remplacé récemment Charvaz au siège épiscopal de Pignerol.

L'opposition la plus tenace fut celle des ministres du roi, tellement que, lorsque, le 8 février 1848, on livra au public les dispositions de la Constitution, ou *Statuto*, les Vaudois eurent la douleur de se voir, une fois de plus, traités en parias. C'est alors que D'Azeglio et ses amis redoublèrent leurs généreux efforts. En effet, comment aurait-on pu établir la liberté et la fraternité sans l'égalité ?

La résistance des ministres et du roi lui-même fut enfin vaincue et, le 17 février, fut signé le décret qu'il est convenu d'appeler Edit d'Emancipation. On peut le résumer dans ces quelques mots:

« Les Vaudois sont admis à jouir de tous les droits

civils et politiques de Nos sujets, à fréquenter les écoles et les Universités, et à remporter les degrés académiques.

« Cependant, rien n'est innové quant à l'exercice de leur culte et aux écoles qu'ils dirigent eux-mêmes ».

Bien que ce dernier article fût essentiellement restrictif, les Vaudois comprirent que la législation spéciale, sous laquelle ils gémissaient depuis des siècles, avait fait son temps.

L'édit fut promulgué le 25 ; mais dès le soir du 24, le secret ayant percé, des milliers de personnes se portèrent sous les fenêtres du pasteur Amédée Bert, chapelain d'ambassade, pour applaudir à ce qu'elles considéraient, avec raison, comme un acte de justice et non comme une grâce.

Dans la nuit, Bert envoya une estafette apporter l'heureuse nouvelle aux deux Vallées, les invitant à la célébrer par des feux de joie. Ce message, arrivé à Luserne en plein marché, se répandit, comme une traînée de poudre en feu, jusqu'aux dernières chaumières de la vallée. Et bientôt l'on vit ces montagnards se diriger, de tous côtés, vers les temples, où les pasteurs rendirent grâce au Tout Puissant, qui dirige les cœurs des rois comme des ruisseaux. Puis l'on se réunit en banquets patriotiques où les ministres et les particuliers des deux cultes, naguère rivaux, se trouvèrent fraternellement côte à côte comme des membres d'une seule famille. Les jeunes gens, et même des personnes d'âge mûr, parcouraient les campagnes, en proie à une vive excitation, chantant des refrains patriotiques.

Le curé de S. Jean fit sonner ses carillons des grands jours, avant de se rendre au banquet, bras dessus bras dessous avec le pasteur Bonjour.

Le soir, les maisons furent illuminées, et l'on vit les hauteurs couronnées de centaines de feux, pendant que les échos se renvoyaient, de coteau en coteau, les vivats et les chants !

Le 26, de nombreux Vaudois se portèrent à Turin,

où une ovation chaleureuse fut faite devant le palais d'Azeglio.

Le dimanche 27 eut lieu un imposant défilé des députations de tous les Etats sardes, qui s'étaient rendues à la capitale pour témoigner leur reconnaissance au roi constitutionnel.

Six cents Vaudois y prirent part. Les places dans le cortège étaient fixées par le sort, mais d'Azeglio voulut qu'ils précédassent les corporations de la capitale. « Ils ont été assez longtemps les derniers, dit-il, il est juste qu'ils soient une fois les premiers ».

Ils portaient une superbe bannière en velours, avec l'inscription : « A Carlo Alberto i Valdesi riconoscenti »; on la conserve à la R. Armeria de Turin.

Partout, sur leur passage, ils furent l'objet d'acclamations enthousiastes, telles que: « Vive la liberté de conscience ! Vivent nos frères Vaudois ».

Dans le but de perpétuer le souvenir d'une journée si riche en fortes émotions, le synode décida que le 17 février serait désormais célébré dans toutes les églises vaudoises.

CHAPITRE LXI.

L'Eglise Vaudoise depuis son émancipation
(1848-1921).

La Constitution fondamentale du royaume, qui parut officiellement le 4 mars 1848, n'expliquait pas mieux que l'édit du 17 février quelle serait la nouvelle position des Vaudois, à l'égard de la liberté de conscience et de culte.

Mais la loyauté des souverains, qui se sont succédés sur le trône d'Italie, et le libéralisme sincère de leurs ministres, leur accordèrent dans la pratique ce que la lettre de la loi ne déterminait pas. Et à mesure que, en 1859-1860, en 1866, en 1870, en 1918, la liberté pénétra, sous les auspices de la Maison de Savoie, dans de nouvelles provinces italiennes, les Vaudois y trouvèrent, ou y firent reconnaître, les mêmes droits que dans les anciens Etats Sardes.

Les synodes purent être convoqués sans en demander l'autorisation et sans la présence d'un commissaire royal. Ces assemblées devinrent annuelles, et l'entière liberté de discussion permit d'y examiner des questions d'une importance croissante. Celui de 1855 approuva une nouvelle constitution ecclésiastique et institua, à la Tour, une Faculté de Théologie. Ce nouveau rouage, qui évitait aux étudiants un séjour à l'étranger, coûteux et souvent dangereux pour leur foi, fut en 1860 transféré à Florence. On put l'y établir commodément dans le palais Salviati, dû aux efforts et à la munificence du pasteur écossais de Livourne, Robert Walter Stewart, qui a été jusqu'à sa mort (1887) un généreux bienfaiteur des Vaudois.

Aussitôt après 1848, les Vaudois commencèrent à se servir de la presse pour diverses publications, en français et en italien.

L'instruction a progressé, grâce à la création ou au développement des classes primaires, normales et classiques. Le Collège a été assimilé, en 1890 et 1900, aux autres gymnases et lycées de l'Etat, et le diplôme de licence, qu'on y délivre, donne l'entrée à toutes les Universités. En revanche, l'instruction primaire échappe en grande partie à l'influence religieuse, depuis que la loi a attribué ces écoles aux administrations provinciales.

En 1834, les dissidents darbystes avaient commencé à se réunir en plein air, sur les hauteurs d'Angrogne, le jour de l'Assomption, où la loi les forçait à chômer. Depuis 1853, cette fête du 15 août est célébrée par toute la population vaudoise, et réunit chaque année des milliers de personnes.

A la création de l'Orphelinat à la Tour (1854) il faut ajouter celle, plus récente, des Asiles de Vieillards à S. Germain et S. Jean (1894-95), et du Refuge pour Incurables à S. Jean (1896).

La bienfaisance et l'intérêt pour l'avancement du royaume de Dieu ont provoqué la création, dans la plupart des paroisses, de sociétés de missions, d'évangélisation, de secours aux pauvres, d'unions chrétiennes.

Les travaux des Sociétés d'histoire vaudoise et d'utilité publique ne sont pas sans importance; mais ils pourraient en acquérir bien davantage, si leur but réussissait à réveiller l'intérêt des populations.

La Table a trouvé une résidence fixe dans la *Maison Vaudoise*. Cet édifice monumental, bâti vis-à-vis du Collège, et entouré d'autres propriétés de l'Eglise, a été inauguré en 1889, pour commémorer le deuxième centenaire de la Glorieuse Rentrée. Cette commémoration a attiré de nombreuses députations de l'Etranger et a contribué à renouer les relations des Vallées avec les Vaudois d'Allemagne.

Le Roi Humbert, qui avait voulu y concourir par un don généreux, se porta lui-même, en 1891, dans les vallées de Pérouse et S. Martin, et en 1893 à la Tour, où il visita l'église vaudoise et l'Hôpital. Son successeur, Victor Emmanuel III, a aussi montré, dans plus d'une occasion, qu'il tient les Vaudois pour des sujets loyaux, et utiles à la patrie.

Quel changement, Dieu soit loué! depuis le temps où les princes de la maison de Savoie ne s'occupaient des Vaudois que pour les massacrer, ou les parquer par des règlements toujours plus restrictifs.

Les Vaudois se sont aussi lancés dans les carrières militaire et civile, commerciale et industrielle, de leurs concitoyens, bien que leur caractère reste surtout agricole.

On peut citer comme le type de ce que devraient être les Vaudois, au point de vue du travail intelligent et honnête, de l'activité bienfaisante, de l'intérêt pour les affaires ecclésiastiques, de l'influence dans les hautes administrations civiles et politiques, Joseph Malan, de S. Jean. Député au Parlement de 1850 à 1860, on le trouva toujours sur la brèche quand il fallut intervenir en faveur de la liberté de conscience, en même temps que son activité se déployait largement au profit des œuvres des Vallées et de celle d'Evangélisation.

Le mélange, que la liberté a rendu inévitable et naturel, avec d'autres populations, et les séjours de la jeunesse dans les grandes villes, ont hélas! bien entamé l'ancienne réputation de moralité de ces montagnards. Mais les forces du bien sont aussi à l'œuvre et elles prévaudront sur celles du mal, si nous sommes fidèles.

Temple de Colonia Valdense (Uruguay).

Chapelle d'Ombues de Lavalle (Uruguay).

Vue de Valdese (Etats-Unis).

CHAPITRE LXIJ.

L'Eglise Vaudoise et l'évangélisation de l'Italie
(1848-1921).

Le 4 janvier 1848, le général Beckwith, pressentant que les portes de l'Italie allaient s'ouvrir pour les Vaudois, écrivait au modérateur : « Désormais, ou vous êtes missionnaires ou vous n'êtes rien ». Il ne se borna pas à les exciter à porter l'Evangile à leurs concitoyens ; il les aida puissamment à entreprendre cette belle œuvre.

Dans l'été de 1848, il envoya quatre jeunes pasteurs en séjour à Florence pour s'y perfectionner dans l'italien. L'un d'eux, Barthélemi Malan, y retourna en 1850, en qualité d'évangéliste envoyé par la Table. Il fut suivi de Paul Geymonat, et l'un et l'autre s'adonnèrent, avec beaucoup de zèle, à la prédication de l'Evangile, bien qu'ils fussent étroitement surveillés par la police. Au commencement d'avril, Malan fut expulsé, Geymonat, surpris lisant la Bible à des Florentins, fut garrotté et traîné, de prison en prison, jusqu'à Sarzana, aux confins des Etats Sardes.

Lorsque la Toscane redevint libre, en 1860, l'Eglise Vaudoise y plaça son école de théologie et y renvoya Paul Geymonat, qui a fourni une carrière longue et bénie, soit comme évangéliste, soit comme professeur de théologie. Florence fut aussi le siège du Comité d'Evangélisation aussi longtemps que vécut son premier président, Jean Pierre Revel. Cet homme de foi et d'action, pasteur à Bobi et Modérateur, fut aussi professeur de théologie, à la Tour et à Florence, jusqu'à sa mort (1871).

Jean Pierre Meille avait été placé, en 1850, comme évangéliste à Turin. En 1851-1853, on put ériger dans cette ville, en dépit de l'opposition violente du clergé et d'une partie de la Cour, le beau temple du Corso Vittorio Emanuele, qui est un des ornements de la ville. Ce bâtiment est dû, en grande partie, à Beckwith et à Joseph Malan.

Parmi les proscrits des Etats italiens, qui demandèrent à faire partie de l'église vaudoise de Turin, rappelons Bonaventura Mazzarella et Louis Desanctis. Après quelque temps, et pour des divergences sans importance, l'un et l'autre se séparèrent des Vaudois. Cependant Desanctis, ex-curé de la Madeleine, à Rome, et théologien distingué, se rapprocha d'eux plus tard, devint professeur de polémique à la Faculté de Florence, et mourut au palais Salviati, le 31 décembre 1869.

Plusieurs autres églises furent fondées, et affirmèrent leur existence vis-à-vis du public par l'achat ou l'érection d'immeubles, à Pignerol, Nice, Gênes, Milan, Livourne, Naples, Palerme, Messine, Venise et dans nombre de centres moins importants. Enfin, en 1870, après la prise de Rome, les pasteurs vaudois purent, avec leurs collègues appartenant à d'autres dénominations à l'œuvre en Italie, initier la prédication de l'Evangile dans cette ville, que Paschale et tant d'autres martyrs avaient baignée de leur sang.

Les difficultés, l'opposition, parfois violente, n'ont pas manqué, surtout dans les petits centres où le prêtre a conservé presque toute sa puissance. Mais partout les principes de tolérance et de liberté ont fini par triompher.

En dehors des Vallées et des paroisses de Pignerol et Turin, l'Evangile est prêché en Italie par les ouvriers de l'Eglise vaudoise, dans 73 églises et plusieurs diasporas.

C'est ici le moment de rappeler ce que les Vaudois ont fait pour les missions en pays païen. Les Vallées commencèrent à envoyer leurs contributions à Bâle et à Paris, tôt après la fondation de ces deux Sociétés de missions; la communauté de langue a fini par les rattacher à cette dernière.

En 1883, un premier missionnaire vaudois, M. Jacques Weitzecker, partit pour le Lessouto. Son exemple a été suivi par plusieurs autres, la plupart desquels ont porté leur activité sur les rives du Haut Zambèze, où ils évangélisent les Ba-Rotsi et une trentaine de tribus qui dépendent de ce peuple.

D'autres se sont rendus au Lessouto, en Chine et, plus récemment, dans les colonies italiennes de l'Afrique.

CHAPITRE LXIII.

Nouvelles colonies vaudoises (1856-1921).

Nous avons vu, maintes fois, au cours de cette es-
quisse de l'histoire des Vaudois, la persécution provoquer l'émigration et la fondation de colonies dans le
Dauphiné, la Provence, la Calabre, les Pouilles, le Cap
de Bonne Espérance, l'Allemagne, etc.

Celles dont il nous reste à parler sont nées, par contre, sous le régime de la liberté.

Plusieurs Vaudois profitèrent de l'Emancipation pour
descendre de leurs montagnes dans les villes italiennes,
surtout à Turin et Pignerol.

Mais les Vallées n'en restaient pas moins surchar-
gées d'habitants, et il suffisait d'une année de mauvaises
récoltes pour que la misère pesât lourdement sur de nombreuses familles. Elles commencèrent à diriger leurs pensées vers l'Amérique, ce pays riche en terres inhabitées,
où l'on ne payait pas de lourdes taxes et où la cons-
cription ne venait pas enlever à l'agriculture les bras
les plus robustes.

Nice, Marseille, Toulon, Lyon, Paris, Genève et d'autres villes étrangères attiraient chaque année une bonne
partie de la jeunesse; l'émigration définitive allait s'a-
jouter à ces absences temporaires.

Après de longues hésitations, trois familles, comptant
ensemble onze personnes, partirent en novembre 1856;
plusieurs groupes les suivirent en 1857, faisant en tout
plus de 200 âmes. Ils débarquèrent dans l'Uruguay et
s'établirent à la Florida.

Empêchés par le fanatisme des habitants de pratiquer
leur culte, ils intéressèrent à leur sort le Rév. Pendleton,
chapelain de l'ambassade anglaise à Montevideo, qui ne

cessa depuis lors, et jusqu'à sa mort, de s'occuper des Vaudois émigrés dans l'Amérique du Sud.

D'après son conseil, en juillet 1858, les colons vaudois achetèrent de vastes territoires dans le département de Colonia, sur la rive est du fleuve du Rosario. Ils constituèrent là un premier noyau, auquel sont venus s'agréger les émigrants qui, depuis cette date, sont partis, presque chaque année, en nombre plus ou moins grand, de l'antique refuge des Alpes.

L'expédition de 1872, assez nombreuse, alla fonder la Colonia Alejandra dans l'Argentine. Pendant quelques années ces colons furent les victimes de plusieurs circonstances funestes; ils ont enfin pu sortir des immenses difficultés qui semblaient devoir les anéantir.

Le pasteur Michel Morel, de Rora, se décida à aller s'établir à Colonia, en 1860, pour ne pas laisser cette branche importante de l'Eglise vaudoise privée de tout secours religieux. Son ministère fut rendu assez difficile par les dissensions, qui surgirent entre les différents quartiers. Il en fut de même pour J. P. Salomon qui lui succéda en 1870, mais qui partit, en 1875, avec quelques familles, pour les Etats-Unis.

Après presque trois ans d'intervalle, le pasteur J. D. Armand-Hugon, de la Tour, alla le remplacer. Doué d'une énergie indomptable et d'un esprit sans cesse en éveil, il sut faire face aux besoins toujours nouveaux de la colonie, qui ne cessait de s'accroître. Outre les constructions d'églises et d'écoles faites au cours de son ministère, on lui doit l'institution du *Liceo* pour l'instruction secondaire de la jeunesse.

La lourde cure d'âmes du groupe central l'empêchait de visiter ceux qui étaient plus éloignés, ainsi que les nombreuses familles éparpillées sur une immense étendue. Il fallut en venir, peu à peu, à la fondation des églises de Cosmopolita, Artilleros, Ombues de Lavalle et Tarariras, dans l'Uruguay, de Belgrano, Alejandra et Iris, dans la République Argentine.

D'autres colonies, où l'élément vaudois est moins fortement représenté, jouissent du ministère de l'Eglise méthodiste ; ainsi au Rosario Tala ét à S. Carlos, dans l'Argentine.

Pour le Brésil, il suffit de rappeler la petite congrégation de la Forqueta.

Aux Etats-Unis, nous trouvons à Monett, dans le Missouri, la colonie fondée par le pasteur Salomon et qui est arrivée à compter trente familles vaudoises.

Une colonie plus nombreuse a été fondée, en 1893, à Valdese, dans la Caroline du Nord. Elle a eu, dès les premiers temps, un pasteur vaudois et possède un joli temple depuis l'année 1898.

D'autres colonies sont en formation. Que Dieu se serve de cette nouvelle dispersion de l'Israël des Alpes pour répandre, dans les deux hémisphères, la connaissance de son Evangile.

TABLE DES MATIÈRES